KB137974

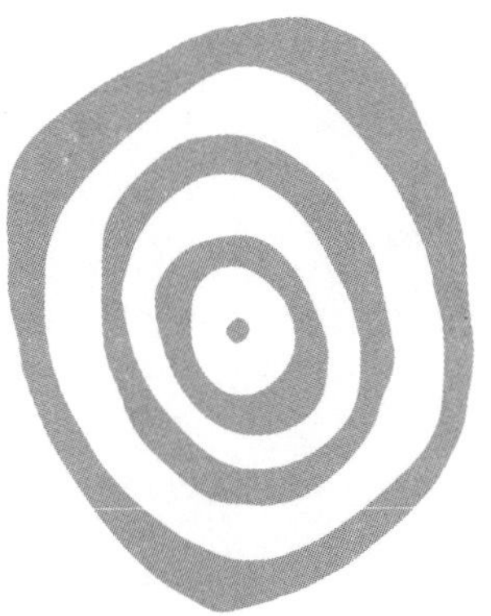

이 도서의 국립중앙도서관 출판시도서목록(CIP)은 서지정보유통지원시스템
홈페이지(http://seoji.nl.go.kr)와 국가자료공동목록시스템(http://www.nl.go.kr/kolisnet)에서
이용하실 수 있습니다.(CIP제어번호: CIP2013025190)

# 도래하는 공동체

**조르조 아감벤**

이경진 옮김

2014년 1월 12일 초판1쇄 발행
2017년 2월 10일 초판2쇄 발행

펴낸이 강경미

펴낸곳 꾸리에북스

디자인 씨디자인

출판등록 2008년 8월 1일 제313-2008-000125호

주소 040710 서울 마포구 합정동 성지길 36, 3층

전화 02-336-5032 팩스 02-336-5034

전자우편 courrierbook@naver.com

ISBN 9788994682143 03300

파본이나 잘못된 책은 바꾸어 드립니다.

GIORGIO
AGAMBEN
—
LA
COMUNITÀ
CHE
VIENE

# 도래하는 공동체

조르조
아감벤

이경진 옮김

꾸리에

이 작은 책은 지성적 영혼의 천국, 파라디수스 아니마이 인텔리겐티스라 불린다.

*Dit buchelin heizit ein paradis der fornuftigin sele, paradisus animae intelligentis.*

아무것이든 그것은 아무것에나 있고 그 밖에는 아무것도 없다.

*Quodlibet est in quolibet et nihil est extra se.*

## 일러두기

1 본서는 2001년도에 출판된 조르조 아감벤의 『La comunità che viene』를 우리말로 옮긴 것이다. 번역 대본으로는 독문판 『Die kommende Gemeinschaft』(trans. by Andreas Hiepko, Berlin; Merve Verlag, 2003)과 영문판 『The Coming Community』(trans. by Michael Hardt, London & Minneapolis; University of Minnesota Press, 1990)을 이용하였다.
2 이탈리아어가 아닌 외래어는 원문을 따라 이탤릭으로 표기하였다.
3 단순히 강조의 의미일 때에는 굵은 글씨로 표기하였고, 한글 옆의 외국어 병기는 원문을 따랐고 역자가 추가로 넣은 경우에는 고유명을 제외하고는 〔 〕 안에 넣었다.
4 한 단어로 옮기기에 다의적인 단어는 /를 이용하여 두 단어로 옮겼다.
5 '그렇게'와 같은 부사를 명사로 사용할 때는 소괄호 안에 넣었다.
6 주는 모두 역주이다.

# 차례

01

—

# 임의적

1 여기에서 '임의적'이라 옮긴 이탈리아어 원어는 "qual-si-voglia"이다. 이 단어는 원래 'qualsivoglia'라는 한 단어로 '어떤' '무엇이든'이라는 뜻의 형용사인데 앞서 역시 '임의적'이라 번역한 'qualunque'의 유의어이다. 아감벤은 이렇게 한 단어를 세 의미소로 분절함으로써 그 단어에 숨겨진 뜻을 강조하려 했다. 즉 그렇게 되면 "qual-si-voglia"는 "당신이 원하는 어떤 것"으로 읽힐 수 있고, 라틴어 'quodlibet'의 뜻인 '마음대로' '뜻대로'와 비슷한 뜻을 갖게 된다. 영어판 번역자 마이클 하트Michael Hardt는 'qualunque'를 'whatever'로 옮기면서 'whatever you want'라는 뜻을 막연하게 암시하기는 하였으나 단어 'whatever' 자체만으로 아감벤이 말하는 라틴어 'quodlibet'이나 이탈리아어 'qualsivoglia'에 숨겨진 '의향', '욕망', '사랑'을 표현할 수 없는 난점에 부딪히게 된다. 반면 독일어에서 'quodlibet'은 'beliebig'라는 단어로 비교적 손쉽게 번역될 수 있는데 '임의적'을 뜻하는 'beliebig'라는 단어 내에 '사랑'을 뜻하는 'Liebe'의 어근이 들어있을 뿐만 아니라 'beliebig'라는 단어 자체가 '누구의 마음에 들다'라는 뜻의 동사 'belieben'에서 나왔기 때문이다. 역자도 이

도래하는 존재는 임의적 존재이다. 스콜라철학이 열거하는 초범주개념들(*quodlibet ens est unum, verum, bonum seu perfectum*-임의의 존재는 하나요, 참되고 선하며 또한 완벽하다) 가운데 개별 범주 내에서는 사유되지 않지만 다른 모든 범주의 의미를 조건 짓는 단어가 바로 형용사 쿼드리벳*quodlibet*이다. 이 단어를 통상 "어떤 것이든 무관하다"는 뜻으로 옮긴다고 해서 잘못된 것은 아니지만 이 라틴어 단어는 그 형태상 정반대를 말한다. 즉 쿼드리벳 엔스*quodlibet ens*는 "어떤 것이든 무관한/무차별한 존재"가 아니라 "어떤 것이든 공히 마음에 드는 존재", 즉 언제나 이미 어떤 의향(意向, *libet*)을 함의한다. 임의적(任意的)[1] 존재는 욕망과 근원적으로 관계하고 있다.

여기에서 말하는 임의적인 것[il qualunque]은 특이성[la singolarità]과 관련되는데 이는 특이성이 어떤 공통 속성(혹은 붉다, 프랑스인이다, 이슬람교도이다와 같은 개념)에 대해 갖는 무차별성에 근거하는 것이 아니라 그 존재가 **그것 그대로** 존재함에 근거한다. 이런 점에서 특이성은 지성으로 하여금 개

런 점에 착안하여 '임의'라는 한자어를 채택하고, '의(意)'를 강조하는 식으로 옮겨보았다. 이러한 '의향', '사랑'의 뜻을 담아내지는 못하지만 사실 우리말 중에서 그 용법상 라틴어 quodlibet과 이탈리아어 qualunque, 불어 quelconque에 가장 가까운 단어는 대명사 '아무'가 아닐까 싶다. 그렇게 되면 "도래하는 존재는 아무 존재이다"로 다시 번역해볼 수 있고 오히려 이 번역이 원문의 어감에 더 가까운 것으로 여겨진다. 그러나 앞에 거론한 이유 이외에도 '아무'를 변형시켜서 철학 용어로 만들었을 때 오히려 가독성이 떨어진다는 점을 고려하여 '임의적', '임의성'이라는 말을 선택하였다.

**2** 토마스 아퀴나스가 아리스토텔레스의 철학을 이어받아 "개별자는 파악될 수 없다(Individuum est ineffabile)"라는 의미로 한 말. 여기에서는 불가언성으로 옮겼으나 일반적으로는 개별자는 학문적으로 논할 수 없다는 뜻으로 이해된다.

**3** 레비 벤 게르손Levi ben Gershon(1288~1344): 게르소니데스라 불렸던 남프랑스에서 태어난 유대인 수학자, 철학자, 천문학자이자 탈무드 학자.

**4** 여기서 'l'esser-quale'는 'quale'가 지닌 두 가지 뜻, '어떤'과 '~대로'에 근거하여 '어떠함'과 ,'~



별자의 불가언성[2]과 보편자의 가지성(可知性) 사이에서 선택을 강요하는 그릇된 딜레마에서 벗어나게 된다. 게르소니데스 Gersonides[3]의 아름다운 표현 가운데 하나를 따르면, 가지성의 대상은 보편자도 아니요, 연쇄 속에 포함된 개별자도 아니라 바로 "임의적 특이성으로서의 특이성"이다. 바로 이런 구도에서 '어떠함/~**대로** 존재함l'esser-**quale**'[4]은 이런저런 집합이나 집단[classe](붉은 것, 프랑스인, 이슬람교도)에의 귀속을 식별하는 이런저런 속성을 갖는다는 굴레에서 해방될 수 있다. 그렇다고 '어떠함/~**대로** 존재함'이 다른 집단을 향하거나 단순히 귀속의 부재를 향하는 것은 아니다. 그것은 자신의 '그러함/**그렇게** 존재함l'esser-**tale**', 그 귀속성 자체를 지향한다. 이러한 방식으로 귀속의 조건에서 항시 은폐된 채로 남아 있지만 (그것은 y에 속하는 한 x이다) 실제 술어는 아닌 '**그렇게** 존재함'은 모습을 드러낸다. 그런 것으로서 노정되는[esposta] 특이성은 임의적이며, 즉 사랑스럽다.

왜냐하면 사랑은 결코 연인의 이런저런 속성(금발이다, 작대로 존재함'으로 옮겼다. 그 뒤에 나오는 'l'esser-tale'는 앞의 번역에 상응하는 방식으로 '그러함'과 '그렇게 존재함'으로 옮겼다. 뒤에 「만회불가능한 것」II에서 자세히 다루어지겠지만 이 두 단어 quale와 tale는 이 책에서 상당히 중요한 의미를 갖는다. 그 이유는 두 단어를 같이 붙여놓으면 '바로 그렇게'라는 뜻이 되기 때문이다. 즉 이탈리아어 tale quale는 불어 tel quel과 마찬가지로 '바로 그렇게', '있는 그대로'라는 뜻을 갖는다. 이 책에서는 이 표현을 일관되게 옮기기 위해서 '그러한 대로'로 직역했다.

5 아감벤은 '~이 일어나다. 발생하다'라는 뜻의 동사구 'aver luogo'를 명사 형태로 만들어서 쓰고 있다. 낱말 그대로 직역하면 '자리를 갖는다', '자리를 잡는다'란 뜻의 명사적 의미로 이해될 수 있다. 영어로 옮기면 taking-place, 독일어로는 Statt-Finden인데 모두 비슷한 뜻이 있어 저자의 원의도가 퇴색되지 않는다. 불어에서도 avoir lieu가 '장소를 갖는다'란 뜻으로 풀이될 수 있다는 점을 생각해보면 서양 언어에서 사건의 발생이 모두 어떤 '자리를 잡는다'란 의미와 연관되어 있음을 짐작할 수 있다.

다, 보드랍다, 다리를 절다)을 향하지 않으며 그렇다고 무미건조한 보편성(보편적 사랑)이라는 미명하에 연인의 속성들을 도외시하지도 않기 때문이다. 사랑은 사랑하는 존재를 **그것의 모든 술어들과 더불어** 원하고, 그 존재가 존재하는 대로 **그렇게** 존재함을 원한다. 사랑은 그 존재가 그렇게 존재하는 한에서 **~대로를** 욕망한다. 그것이 바로 사랑의 특수한 페티시즘이다. 그렇게 임의적 특이성(사랑스러운 것)은 더 이상 어떤 것의 앎이나 이런저런 특성의 앎, 이런저런 본질의 앎이 아니라 앎의 가능성의 앎〔가지성의 지〕이 된다. 플라톤이 에로스적 상기로 묘사한 그 운동은 대상을 어떤 다른 사태나 장소가 아니라 그 대상의 고유한 '자리 잡음aver-luogo'[5]안에, 즉, 그것의 이데아 안으로 옮긴다.

02

—

# 고성소로부터

임의적 특이성들은 어디에서 유래하며 무엇이 그것들의 왕국일까? 토마스 아퀴나스가 고성소에 대해 제기한 문제들은 이런 물음에 답이 될 요소들을 담고 있다. 아퀴나스에 따르면 세례를 받지 않고 죽은, 원죄 말고는 아무런 죄도 짓지 않고 죽은 아이들이 받는 벌은 지옥의 벌처럼 고통스러운 것일 수 없고 단지 신에 대한 직관에 영원히 들지 못하는 박탈의 벌이다. 그렇다고 이런 박탈로 말미암아 고성소의 주민들이 저주받은 사람들처럼 고통을 받는 것은 아니다. 그들은 자연적 지성만을 갖고 태어났을 뿐 세례 시에 우리에게 심어지는 초자연적 지성을 받지 못했으므로 최고선을 박탈당한 것을 알지 못한다. 설사 그들이 그 점을 알아차린다 해도 (또 다른 교리가 주장하듯) 어느 이성적 인간이 하늘을 날 수 없다는 사실에 슬퍼하는 것 이상으로 슬퍼하지는 않을 것이다. 만일 그들이 그런 사실에 고통스러워한다면 그들은 자신들이 어찌할 수 없는 죄로 인해 고통을 받는 것이므로 그 고통은 그들을 절망의 나락으로 이끌 것이며 그렇다면 저주받은 자들과 마찬가지의 상황에 처하게 되는 셈이

6 로베르트 발저Robert Walser(1878~1956): 스위스 태생의 작가. 대표작으로는 장편소설 『벤야멘타 하인학교Jakob von Gunten』(1909), 『조수Der Gehülfe』(1908) 등이 있으며 수많은 산문 단편들을 남겼고 그 중에서도 산문집 『시인들의 삶Poetenleben』(1917)이 잘 알려져 있다.
7 본 저서의 핵심적인 개념 가운데 하나인 '만회불가능성L'irreparabile'을 이해하기 위해서는 유대교 카발라의 우주론에 나오는 개념인 '티쿤tiqqun/tikkun'에 대한 이해가 선행되어야 한다. 16세기에 이삭 루리아가 세운 '자페드 카발라' 학파의 교의에서는 이 세계를 애초에 '부서진 그릇'이라고 생각했다. 따라서 현 세계에 주어진 과제는 이 부서진 그릇을 보수하여 신적인 총체성을 복원하는 것이 되었다. 이것이 '수선', '보수', '복원'을 뜻하는 '티쿤'이다. 고로 이 '티쿤'은 이런 깨어지고 부서진 세계를 구원하는 메시아적 사상과 긴밀하게 연관된다. 본 저서에서 아감벤이 사용하는 개념인 'l'irreparabile'는 단어 그대로 옮기면 '수선불가능성', '보수불가능성'으로서 이 깨어진 것들을 한데로 그러모아 원상태로 회복시키려는 저 '티쿤'의 운동과는 반대지점에 있는 '구제



다. 그렇다면 이것은 부당한 일이 되었을 것이다. 더욱이 그들의 육신은 복된 자들의 육신과 같이 고통을 느끼지 못한다. 하지만 이것은 오직 신적 정의의 조치라는 측면에서 그럴 뿐이고 그 외의 다른 모든 점에서 그들은 자신들의 자연적인 완전성을 향유한다.

그리하여 이러한 신적 직관의 박탈이라는 극형은 자연적 쾌활함의 상태로 전환된다. 구제할 길 없는 상실을 당한 그들은 아무런 고통 없이 신에게 버림받은 상태에 머문다. 신이 그들을 잊은 것이 아니라 일찍이 그들이 신을 잊었다. 신의 건망증도 이런 망각에는 아무런 힘을 행사하지 못한다. 수신자가 없어져 버린 편지처럼 이 부활한 자들에게도 운명이 없어져 버렸다. 그들은 선택받은 자들처럼 복에 겹지도 않고 저주받은 자들처럼 절망하지도 않는다. 그들은 명멸될 수 없는 환희로 충만해 있다.

이러한 고성소의 자연이 로베르트 발저[6]의 세계가 갖는 비밀이다. 발저의 피조물들은 만회할 길 없이[irreparabilmente][7] 길을 잃고 헤매지만 그곳 자체는 구원과 저주 너머에 있다. 그들이

불가능성'을 함의한다. 그러나 이 '구제불가능성'이 진정한 '구제가능성'의 단초가 될 수 있다는 점은 앞으로 드러날 것이다. 본 저서에서는 이 어휘를 일관되게 옮기기 위해서 여러 가지 맥락과 한국어상의 어감을 고려하여 '바로잡고 회복한다'는 뜻의 '만회불가능성'이라고 옮겨보았다.

**8** 아감벤은 『장치란 무엇인가』에서 푸코가 정식화한 '장치', 즉 '디스포지티프'라는 개념이 그리스도교의 오이코노미아에서 왔다고 말한다. 아감벤은 원래 '가정의 관리 또는 경영'을 뜻하는 오이코노미아란 개념을 이렇게 다시 정의한다. "오이코노미아란 인간의 행동, 몸짓, 사유를 유용하다고 간주된 방향을 향해 운용, 통치, 제어, 지도하는 것을 목표로 하는 실천, 앎, 조치, 제도의 총체이다." (아감벤, 『장치란 무엇인가』, 양창렬 옮김, 난장, 2010, 31쪽)



그토록 자랑스러워하는 자신들의 무용성(無用性)은 무엇보다도 그들이 구원에 별다른 반응을 보이지 않는 데서 드러난다. 그것은 구원의 이념에 대해 제기할 수 있는 최고로 급진적인 항변이다. 구제할 것이라곤 아무것도 없으며 그리스도교의 오이코노미아*oikonomia*[8]라는 강력한 신학 기제도 어찌할 수 없는 그런 삶만이 본래적 의미에서 구제불가능한 것이다. 오직 이런 점에 비추어볼 때만 발저의 인물들에 두드러지게 나타나는 악동적인 성격과 겸손한 성격, 만화인물 같은*toon* 경솔한 성격과 민망할 정도로 면밀한 성격의 기이한 혼합이 이해될 수 있다. 또한 발저의 인물들이 맺는 모든 관계가 침대로 들어가기 일보 직전의 외설성을 띠고 있다는 점도 이해될 수 있다. 이런 점은 이교도적인 오만*hybris*도 피조물다운 수줍음도 아니며 단지 신적 정의에 대한 연옥 특유의 무감각함에 해당하는 것이다.

카프카의 형무지에서 기결수가 석방됨으로써 자신을 처형할 예정이었던 기계가 와해된 뒤에도 살아남았던 것처럼 발저의 인물들 역시 죄와 정의의 세계를 등지고 떠나왔다. 그들의 얼굴에는 마지막 심판의 날*novissima dies* 그 이튿날 새벽의 만회불가능한 서광이 쏟아진다. 그런데 최후의 날 이후에 지상에서 개시되는 삶은 순전히 인간적인 삶이다.

# 03

—

# 예

**9** 버트런드 러셀은 소위 '러셀의 역설'이라 불리는, 자신을 포함하면서 동시에 포함하지 않는 집합의 난제에 부딪혀 집합 간의 위계를 설정하여 이 난국을 타개하려 한다. 그는 제자 비트겐슈타인에게 이러한 '유형 이론'을 연구해 볼 것을 권고하지만 비트겐슈타인은 노르웨이에서 이 "야만적인 유형 이론" 역시 그 역설의 근본적인 해결책을 제시해주지 못한다고 서한을 보낸다.



개별자와 보편자 사이의 모순은 언어에 그 기원을 두고 있다. 실제로 **나무**란 단어가 모든 나무를 무차별적으로 지칭할 수 있는 것도 그 단어가 특이한[singular] 불가언적인 나무들 대신에 그것들의 보편적 의미를 가정하기 때문이다(*terminus supponit significatum pro re*). 달리 말하면 단어는 특이성들을, 공통 속성(귀속의 조건 ∈)에 의해 정의되는 한 집합[classe]의 원소들로 바꾸어 놓는다. 현대 논리학에서 집합론이 갖는 지대한 의미는 집합을 정의하는 문제가 곧 언어적 의미를 정의하는 문제라는 사실에 힘입는다. 특이하고 상이한 대상들 m을 하나의 전체 M으로 포괄하는 것은 이름이 하는 일과 다르지 않다. 이러한 사태가 바로 "야만적인 유형 이론[type theory]"[9]으로도 해결의 기미가 보이지 않았던 집합의 풀리지 않는 역설〔러셀의 역설〕이다. 실제로 이 역설은 언어적 존재의 장소를 지칭한다. 언어적 존재란 바로 자기 자신을 포함하면서 동시에 포함하지 않는 집합이며, 자기 자신을 포함하지 않는 모든 집합의 집합이 바로 언어이다. 언어적 존재(불린 존재)는 집합(나무)인 동시에 특이성(**그** 나무, 어떤 나무, 이 나무)인 그런 것이다. 상징 ∈으로 표현되는 의미의 매개 기능은 오직 관사만이 자유로이 유영하는 저 간극을 결코 봉합할 수 없다.

보편자와 특수자의 이율배반에 사로잡히지 않은 개념 하나가 오래전부터 우리에게 잘 알려져 있다. 그것이 바로 예이다. 예는 어떤 상황에서 자신의 역량을 발휘하든 간에 언제나 같은 유형에 속하는 모든 경우를 대표하면서도 동시에 이 경우들 가운데 하나라는 특징을 보인다. 예는 다른 것들 가운데 하나인 특이성이면서도 다른 것들을 대신하고 전체를 대변한다. 예는 한편으로는 실상 특수 사례로 다루어지지만 다른 한편으로는 자신의 특수자로서의 효력을 잃을 수 있다고 전제된다. 즉 예는 특수하지도 일반적이지도 않으며 그런 것으로서 스스로를 제시하는, 자신의 특이성을 **보여주는** 특이한 대상이다. 이로써 희랍어로 예를 의미하는 단어에 숨겨진 보다 심오한 의미가 드러난다. 즉 파라-데이그마*para-deigma*는 곁에서 스스로를 보여주는 것을 의미한다.(마찬가지로 〔예를 뜻하는〕 독일어 단어 바이-슈필*Bei-spiel*도 곁에서 작용/상연하는 것을 연상시킨다.) 예의 고유한 자리는 항상 자신의 곁자리이며, 자기 자신의 무규정적이며, 잊혀지지 않는 삶이 펼쳐지는 텅 빈 공간 속에 있다. 이 삶은 순전히 언어적인 삶이다. 삶이 무규정적이며 잊혀지지 않는 것은 오직 말 속에서이다. 범례적 존재는 순전히 언어적인 존재이다.

범례적이라 함은 불린다는 속성 외에 아무런 속성으로도 규정되지 않는다는 것이다. 붉은 것이 아니라 붉다고 **불린다**는 것, 야곱인 것이 아니라 야곱으로 **불린다**는 것이 예를 규정한다. 바로 여기에 예를 진지하게 고찰하자마자 필히 드러나는 예의 애매한 성격의 근거가 있다. 고로 모든 가능한 귀속을 확립하는 속성(이탈리아인으로 불린다는 것, 개라 불린다는 것, 공산주의자라 불린다는 것)인 불린다는 것은, 모든 것을 급진적으로 의문에 부치며 철회할 수 있는 것이기도 하다. 모든 현실 공동체를 제한하는 것은 가장 공통적인 것이다. 바로 여기에서 임의적 존재의 무력한/비잠재적인 보편타당성이 비롯된다. 그

10 이탈리아어와 영어, 불어, 독일어 모두 '고유하다'(proper)는 말에서 나온 '속성'(property)은 '소유', '재산'과 관련된다. 특히나 아감벤의 문맥에서 '전유하다'(appropriate)는 말 그대로는 '고유화하다'의 뜻으로 이해될 수 있으며 '박탈하다'(disappropriate)는 '탈고유화하다'로 번역될 수 있다.

11 장난치기를 좋아하는 신화 속 인물형을 일컫는 용어. 게르만 신화의 로키나 그리스 신화의 헤르메스와 프로메테우스, 판 등이 대표적인 예이다. 트릭스터는 주로 선과 악의 경계에 있는 양가적인 인물로 나타나며 변신의 귀재이기도 하다.

12 로베르트 발저의 소설 『조수Der Gehülfe』의 주인공 요제프나 「나는 가진 것이 없단다Ich habe nichts」의 "어느 착한 소년", 또 카프카의 『성Das Schloß』에 나오는 아르투어와 예레미아스라는 이름의 조수들을 떠올리게 한다. 아감벤은 또한 조수의 대표적인 인물로 벤야민의 곱사등이 난쟁이와 피노키오 등을 꼽고 있다. 조수라는 인물에 대해서는 아감벤의 저서 『세속화 예찬』의 한 장을 이루는 「조수들」을 참조. (조르조 아감벤, 『세속화 예찬』, 김상운 역, 난장, 2010, 43~53쪽)



보편타당성은 무감각도 아니고 난혼(亂婚)도 아니며 체념도 아니다. 이 순수한 특이성들은 어떠한 공통 속성과 정체성으로도 묶이지 않은 채 오직 예가 보여주는 그 텅 빈 공간 속에서만 소통할 수 있다. 그 특이성들은 기호 ∈, 즉 귀속 그 자체를 전유[10]하기 위해 모든 정체성을 박탈한다. 트릭스터[11]나 게으름뱅이, 조수[12], 만화 속 인물들*toon*, 그것들은 도래하는 공동체의 범례들이다.

04

—

# 자리 잡음

13 여기에서 원어는 improprietà이다. 단어를 보면 알 수 있듯이 속성을 부정한 말로서 비-속성, 비-고유성, 부적절함, 부도덕 등으로 옮겨질 수 있다.



윤리의 의미는 선이 선한 사태도 아니요, 모든 나쁜 사태나 가능성의 곁 혹은 위에 존재할 가능성이지도 않으며 그럴 수도 없다는 점, 또한 진정성과 참이 비진정성과 거짓에 (아무리 정반대라 하더라도) 완전히 평행하는 실제 술어가 아니라는 점을 이해할 시에만 분명해질 수 있다.

윤리는 선이 악의 포착에 다름 아니라는 점, 진정성과 고유성이 비진정성과 비고유성 외에 어떤 다른 내용도 갖지 않는다는 점이 밝혀질 시에만 시작된다. 바로 이것이 오랜 철학적 격언 "베리타스 파테파키트 세 입삼 에트 팔숨*veritas patefacit se ipsam et falsum*"이 말하는 바이다. 진리는 오직 그것이 거짓을 드러낼 때에만 현시될 수 있다. 하지만 그 거짓은 잘려져 어딘가 다른 곳에 버려진 것이 아니다. 오히려 '열다'를 의미하고 공간*spatium*과 관련된 동사 파테파케레*patefacere*의 어원을 따르면 진리는 공간을 내주거나 비-진리에 자리를 내줌으로써만 계시될 수 있다. 즉 거짓의 '자리 잡음'으로서, 즉 자신의 가장 내밀한 부도덕/비고유성[13]을 노정함으로써 말이다.

선과 진정성이 인간들 사이에서 각기 나뉜 장소를 차지하고 있는 (그것들이 참여하는/나누어서 취하는[they took *part*]) 한, 지구상에서 삶은 분명 더없이 아름다울 것이다.(오늘날에도 여전히 우리는 진정성에 참여했던 사람들을 알고 있다.) 그럼에도 비고유성을 전유하는 일은 본질적으로 불가능했다. 그 이유는 진정성을 매번 긍정할 때마다 비진정성을 다른 자리로 밀어내는 결과를 불러왔으며, 그러면 도덕은 다시 한 번 여기에 대항하여 자신의 장벽을 높였기 때문이다. 선의 정복은 추방했던 악의 성장을 전제한다. 천국의 성벽이 단단해질수록 지옥의 심연은 까마득해졌다.

하지만 한 조각의 올바름도 배당받지 못한 우리들을 위해서(혹은 최선의 경우라면, 선의 아주 작은 조각이나마 나눠 받은 자들을 위해서) 그 대신 아마도 최초로 비고유성을 전유할 가능성이 열리고 있다. 그것은 게헤나〔불지옥〕를 우리 안에 남김없이 받아들이는 방식이다.

이것은 완전무결한 자의 타락불가능성을 주장하는 자유심

14 베나의 아말리쿠스Amalricus de Bena( ~1206): 불어 이름은 Amaury de Bène. 파리 대학 인문학부 교수로 디오니시우스 위서와 에리우게나의 영향하에 존재하는 모든 것이 신이라는 범신론 내지는 만유내재신론 사상을 발전시켰다. 아말리쿠스 사후 그의 사상은 이단 판결을 받았고 추종자들은 크게 탄압받았다.



령적이고 영지주의적인 교리를 어떻게 이해해야 하는지를 보여준다. 이는 논쟁을 일삼는 자들이나 종교재판관들이 비방하는 바대로, 완전무결한 자는 가장 끔찍한 죄를 저지르고도 죄를 지은 것이 아니라는 (이것은 언제나 도덕수호자들의 도착적인 환상에 지나지 않는다) 말이 아니다. 오히려 그것은 완전무결한 자는 모든 악과 부정의 가능성들을 전유하여 이제는 더 이상 악을 범할 수 없다는 의미로 이해되어야 한다.

바로 이것이 다름 아닌 1210년 11월 12일 베나의 아말리쿠스
14 추종자들을 화형대로 보냈던 이단의 교리적 내용이다. 아말리쿠스는 "신은 모든 것에 모두 있으시니"라는 사도의 주장을 플라톤의 코라*chora* 이론이 신학의 방향으로 극단적으로 전개된 것으로 해석하였다. 신은 모든 것 속에서, 모든 것이 존재하는 자리로서 존재한다. 아니 차라리 모든 개체의 규정과 "장소topia"로서 존재한다. 고로 초월자는 모든 것 위에 있는 최상의 개체가 아니다. 그보다는 이렇게 말할 수 있다. **순수한 초월자는 모든 것의 자리-잡음이라고.**

신이나 선, 장소는 발생하는 것이 아니라 개체들의 '자리 잡음'이자 그것들의 더없이 내밀한 외부성이다. 벌레가 벌레로 있는 것, 돌이 돌로 있는 것이 거룩한 것이다. 세계가 존재한다는 것, 무언가가 나타날 수 있고 얼굴을 가질 수 있다는 것, 모든 것의 규정이자 한계로서 외부성과 비-잠재성이 있다는 것. 이것이 곧 선이다. 모든 지상의 실존이 초월되고 노정되는 이유는 그것들이 이 지상에서 수선불가능/만회불가능하기 때문이다. 이와는 달리 악이란 것은 사물들의 '자리 잡음'을 많은 것들 가운데 한 가지 사실로 환원하는 것이며, 사물들의 고유한 자리-잡음에 내재한 초월성을 망각하는 것이다. 하지만 선은 이 사물들과 관련해서 어딘가 다른 곳에 있지 않다. 선은 단지 그 사물들이 자기 자신에게 고유한 자리-잡음을 포착하는 그 지점에, 그것들이 저 자신의 비-초월적 질료에 닿는 그 지점에 있다.

이런 의미에서 -오직 이런 의미에서만- 선은 악의 자기 자신의 포착으로, 구원은 자리의 자기 자신으로의 도래로 정의되어야 한다.

05

—

# 개체화의 원리

15 둔스 스코투스Duns Scotus(1266~1308): 스코틀랜드 출신의 스콜라 철학자. 토마스 아퀴나스의 사상을 비판했다.
16 '이것'을 뜻하는 라틴어 haec에서 둔스 스코투스가 만들어낸 철학적 개념. 이것-성, 이것-임이란 뜻으로 실체성(Quidditas)과 반대되는 개념이다. '이것-성'은 개별 대상의 특수자를 일컫는 말로서 개별자가 결여가 아니라 완결이라는 뜻을 내포한다.
17 에티엔 질송Étienne Gilson(1884~1978): 프랑스 중세철학사 연구자. 그의 저서는 한국에도 여러 권 소개되어 있다.



임의성은 특이성의 수학소이다. 그것 없이는 존재도 특이성의 개체화도 사유될 수 없다. 스콜라 철학이 개체화의 원리 *principium individuationis*의 문제를 제기한 방식은 잘 알려져 있다. 토마스 아퀴나스가 개체화가 일어나는 곳을 질료 속이라 짐작하였다면 둔스 스코투스[15]는 개체화를 어떤 다른 형상이나 본질, 속성이 본성 혹은 공통 형상(예컨대 인류)에 더해지는 것이 아니라 어떤 울티마 레알리타스*ultima realitas*, 즉 형상의 궁극성이 더해지는 것이라 보았다. 특이성은 공통 형상에 이것-성*Haecceitas*[16]만을 덧붙일 뿐이다.(에티엔 질송[17] 식으로 말하자면 형상이 일으킨 개체화가 아니라 형상의 개체화이다.) 하지만 이런 이유에서 둔스 스코투스가 바라보듯 공통 형상이나 본성은 임의적 특이성에 무차별할 수밖에 없고 그 자체로 특수하지도 보편적이지도 않으며 일자도 다자도 아니고 "임의적이고 특이한 통일체와 나란히 놓이는 것을 개의치 않는" 그런 것일 수밖에 없다.

하지만 둔스 스코투스의 한계는 공통 본성을 이미 주어진 실

18 피에르 아벨라르Pierre Abélard(1079~1142): 엘로이즈와의 사랑으로 유명한 프랑스 중세의 대표적인 철학자이자 신학자. 보편논쟁에서 실재론을 주장한 진영의 대표자.

19 샹포의 기욤Guillaume de Champeaux(1070년경~1121): 보편논쟁에서 실재론을 주장한 프랑스의 철학자이자 신학자.



재로 간주하려는 듯 보인다는 데 있다. 그 실재는 임의적 특이성에 무차별한 존재의 속성을 갖고 특이성은 그 실재에 오직 이것성만을 덧붙일 뿐이라 생각되었다. 이에 따라 스코투스는 특이성과 불가분의 관계에 있는 저 쿼드리벳*quodlibet*은 사유되지 않은 채로 놓아두고는 은연중에 개체화의 진정한 근원을 무차별성으로 만들어 버린다. 하지만 "쿼드리벳-성[quodlibetalità]"은 무차별성이 아니다. 그렇다고 그것이 공통 본성에의 의존을 표현하는 특이성의 술어도 아니다. 그렇다면 대체 임의성과 무차별성 사이의 관계는 무엇인가? 우리는 하나의 특이적 인간에 대한 공통 인간 형상의 무차별성을 어떻게 이해해야 할까? 이 특이자의 존재를 구성하는 이것성은 무엇인가?

우리는 피에르 아벨라르[18]의 스승인 샹포의 기욤[19]이 "낱낱의 개별자에서 이념은 **본질적으로가 아니라 무차별적으로***non essentialiter, sed indifferenter* 현존한다"고 주장한 것을 알고 있다. 좀 더 정확성을 기하기 위해 둔스 스코투스는 공통 본성과 이것성 사이에는 본질상의 차이는 없다고 덧붙인다. 하지만 이 말은 이념과 공통 본성이 특이성의 본질을 이룰 수는 없으며, 그렇다면 특이성은 전적으로 비본질적이며 그 특이성을 구분하는 기준은 본질이나 개념이 아니라 다른 곳에서 구해야 한다는 것을 의미한다. 따라서 공통자와 특이자 사이의 관계는 더이상 낱낱의 개별자들 사이에서의 동일한 본질의 존속으로 생각될 수 없고 이런 점에서 개체화의 문제는 사이비-문제로 드러날 위험에 처한다.

이런 맥락에서 스피노자가 공통적인 것을 생각하는 방식을 참조해 본다면 더없이 유익할 것이다. 스피노자에 따르면 모든 신체는 연장성의 신적 속성을 표현하는 공통점을 갖고 있다. (『에티카』, 제2부, 정리 13, 보조정리 2) 하지만 공통적인 것the common은 결코 개별 사물의 본질을 구성할 수 없다. (『에티카』, 제2부, 정리 37). 여기에서 결정적인 것은 **비본질적인 공통성의 이념, 결코 본질과 관련되지 않는 연대의 이념이다. 연장성의 속성에서 자리-잡음, 특이성들의 소통은 특이성들을 본질 속에서 통합하지 않고 실존 속에서 분산시킨다.**

임의적인 것은 특이성에 대한 공통 본성의 무차별성에 의해 구성되는 것이 아니라 공통적인 것과 고유한 것, 종과 류, 본질적인 것과 우연적인 것 간의 무차별성에 의해서 구성된다. 어떤 사물이 임의적이라 함은 그것이 자신의 **모든 속성을 전부 갖**지만 그 속성들 중 어느 것도 차이를 구성하지 않는 것을 말한다. 속성에 대한 무-차별성[L'in-differenza]은 특이성들을 개체화하고 산종하는 것이며 그것들을 사랑스럽게(quodlibetali) 만드는 것이다. 인간의 말이 공통적인 것(언어)의 전유도 고유한 것의 소통도 아니듯이 인간의 얼굴 역시 종적 얼굴*facies*의 개체화도 특이한 특징의 보편화도 아니다. 임의적 얼굴이란 공통 본성에 속하는 것과 고유한 것이 절대적으로 무차별적인 그런 얼굴이다.

이로써 우리는 잠재성에서 행위로, 공통 형상에서 특이성으로 가는 이행이 단 한 번으로 완결되는 사건이 아니라 무한히 연속되는 양태적 왕복이라 주장하는 중세 철학자들의 이론을 어떻게 독해해야 하는지 알게 된다. 특이한 실존의 개체화는 점점의 사실이 아니라 생장과 감퇴, 전유와 박탈의 연속적 단계 변화에 따라 방향이 달라지는 실체의 발생선*linea generationis substantiae*이다. 여기에서 선의 형상이 나오는 것은 우연이 아니다. 글자를 쓸 때 그리는 선에서 필체*ductus*는 글자의 공통 형상에서 특이자의 현존을 표시하는 개별 특징으로 끊임없이 이행하지만 그 누구도, 아무리 철두철미한 필적학의 방법을 적용한다 하더라도 이 두 영역이 진짜로 갈라지는 분기점을 찾아내기란 불가능할 것이다. 마찬가지로 인간의 얼굴에서도 인간 본성은 실존으로의 지속적인 이행을 거듭하며 이 부단한 발생이 바로 얼굴의 표정을 만들어내는 것이다. 하지만 이것의 역을 주장한다 하여 과히 틀리지 않을 것이다. 즉 내가 철자 p를 쓰는 법이나 그 철자의 음소를 발음하는 법을 특징짓는 나만의 특이한 방식이 수없이 거듭됨으로써 그 철자의 공통 형상이 산출될 수도 있기 때문이다. **공통성과 고유성, 종과 개체는 임의성의 산마루에서 떨어지는 양 비탈일 뿐이다.** 도스토옙스키의 『백치Idiot』에서 그 어떤 필체라도 손쉽게 흉내 내고 서명할 수 있었던 미

20 미쉬낀 공작이 자신의 뛰어난 필체를 선보이기 위해 14세기 수도원장의 서명을 교본 삼아 예시로 쓴 문장.

21 문헌학자들은 고어 'idiotism'에서 '백치'라는 단어와 타언어로 번역되기 어려운 고유한 용법을 뜻하는 'idiom'이란 단어 사이의 모종의 연관성이 엿보인다고 짐작한다. 현재 많은 유럽어에서 '백치'를 뜻하는 말은 희랍어 'idiota'에서 연원하였다. 이 말은 보통 흔한 사람이나 천한 사람을 뜻하는 말이었는데 이 단어에서 한 언어, 나아가서는 한 개인의 독특한 표현을 뜻하는 'idioma'라는 말이 나왔다고 한다.



쉬낀 공작을 떠올려 보자. ("겸손한 수도원장 빠프누찌가 여기에 서명을 하다.")[20] 이렇듯 특수자와 보편자는 무차별적인 것이 되며 바로 이것이 "고유한 백치성[idiozia]"[21], 즉 임의자의 특수성이다. 잠재성에서 행위로의 이행, 랑그에서 파롤로의 이행, 공통성에서 고유성으로의 이행은 공통 본성과 특이성, 잠재성과 행위가 서로 전도되고 침투되는 어떤 반짝이는 교대 선로를 따라 양방향으로의 왕복운동으로서 발생한다. 이런 선상에서 산출된 존재는 임의적 존재이며 그 존재가 공통성에서 고유성으로 또 고유성에서 공통성으로 이행하는 습성[la maniera]은 사용, 혹은 에토스*ethos*라 불린다.

# 06

—

# 아죠

22 「이사야」 61장 7절.
23 「예레미야」 17장 18절.
24 '이야기', '전설'을 뜻하는 탈무드의 한 구성요소.



탈무드에 따르면 모든 인간에게는 각각 두 자리가 마련되어 있는데 하나는 에덴에 있고, 다른 하나는 게헤나에 있다. 의로운 자가 무죄 판명을 받으면 에덴에 한 자리를 받고 저주받은 이웃의 자리도 추가로 받는다. 불의한 자가 유죄 선고를 받으면 지옥에 한 자리를 받고 구원받은 이웃의 자리도 추가로 받는다. 성경이 의로운 자를 두고 "(의로운 자들이) 그들의 땅에서 갑절이나 얻을 것이라"[22]고 하고 불의한 자를 두고 "배가 되는 멸망으로 그들을 멸하소서"[23]라 한 것은 이러한 이유에서이다.

이 하가다[24]의 위상학에서 본질적인 요소는 에덴과 게헤나가 위치상 구분되어 있다는 점이 아니라 모든 인간에게 불가피하게 주어지는 저 이웃의 자리이다. 인간은 죽음을 맞이하여 자신의 운명을 다하는 그 순간 타인의 자리를 차지하고 있는 자기 자신을 발견하게 된다. 따라서 모든 피조물이 지닌 가장 고유한 특성은 바로 자기 자신의 대체가능성이자 항상 이미 타인의 자리에 있는 그의 존재이다.

대담하게도 이슬람의 땅에서 가톨릭으로 개종했던 위대한

25 루이 마시뇽Louis Massignon(1883~1962): 기독교 신앙에 기반하여 이슬람 신비주의 연구에 크게 기여한 프랑스 출생의 이슬람학자. 1907년경 그는 터키에서 포로로 잡혀 처형될 뻔한 상황에서 신을 낯선 자로서 만나는 영적인 체험을 하게 되고 기독교로 개종하게 된다. 1934년 바달리야 기도회를 세워 평생을 타인을 위해서, 즉 이슬람교도를 위해서 살기로 맹세하고 2차 대전 이후에는 간디의 사상에 공명하여 여러 정치적 상황에서 억압받는 이슬람교도와 이슬람 지역의 기독교도를 위해 싸웠다.



아랍학자 루이 마시뇽[25]은 죽음이 가까워지자 아랍어로 대신(代身)을 뜻하는 말에서 연원한 바달리야라는 이름으로 공동체를 하나 세웠다. 공동체 구성원들은 타인을 **대신하겠노라고**, 즉 **타인의 자리에서** 그리스도가 되겠노라고 맹세했다.

이러한 대리는 두 가지 방식으로 해석될 수 있다. 첫째는 타인의 죄나 타락을 자기 자신이 구원받을 기회로만 바라보는 것이다. 교화적이라 하기 어려운 이러한 보상경제에 따라 실패는 신의 선택으로, 몰락은 상승으로 보상받는다. (그러고 보면 바달리야 공동체는 마시뇽이 개종 당시 떠나야 했던, 1921년 발렌시아의 옥중에서 목숨을 끊은 동성 연인에게 보내는 너무 늦게 지불된 몸값과 다르지 않다고 할 수 있다.)

하지만 바달리야의 의미를 다르게 해석할 수도 있다. 마시뇽에 따르면 타인을 대신한다는 것은 타인에게 결여된 것을 채워주거나 그의 잘못을 교정해주는 것이 아니라 **그 타인의 존재 그대로 타인에게 망명하는 것**, 그리하여 그의 영혼과 그의 자리-잡음 속에서 기독교적 환대를 제공하는 것이다. 타인을 대신한다는 것은 제자리와 타인의 자리를 더 이상 구분하지 않는다는 것이다. 바로 그렇기 때문에 모든 개별적 존재의 '자리 잡음'은 항상 이미 공통적인 것이며, 나눌 수 없고 철회할 수 없는 환대에 열리는 빈 공간이다.

바달리야 공동체는 에덴과 게헤나를 갈라놓는 장벽을 무너트리겠다는 은밀한 의도로 돌아간다. 이 공동체에서 대신해서 차지되지 않는 공간은 없으며 에덴과 게헤나 모두 이러한 호혜적 대리를 일컫는 서로 다른 이름일 뿐이다. 바달리야 공동체는, 우리 문화에서 개개인의 보편적인 대표/재현가능성을 보증하는 데 기여할 뿐인 개개인의 대리불가능성에 대한 신화에 대항하여 조건 없는 대리가능성, 어떤 것도 대표할 수 없고 재현할 수 없는 대리가능성, 즉 절대적으로 대표/재현불가능한 공동체를 선보인다.

이런 식으로, 탈무드에서 각 개인에게 불가피하게 주어지는 이웃의 자리로 제시된 다중적 공통 자리는 각개의 특이성의 제자리로의 도래, 그 특이성의 임의적 존재, -다시 말해, 그 특이

26 이탈리아어로 Agio는 편안함, 안락함, 여유, 기회를 뜻한다. 또한 영어의 'at your ease'처럼 '당신의 뜻대로'라는 의미로 쓰이므로 본서의 핵심적인 용어인 quodlibet과 연결된다. Agio는 현재 영어, 프랑스어, 독어 등에서 '이자', '프리미엄', '수수료' 등을 뜻하는 경제용어로 쓰인다.

27 횔덜린이 친구 뵐렌도르프에게 보낸 1801년 12월 4일자 서신에서 그리스 문화를 수용하여 자국 문화를 발전시키는 데 있어 내세운 원칙을 말한다. 횔덜린은 그리스 문화의 고유성이 그 문화에 원래 고유했던 것이 아니라 오히려 결여된 것, 타자의 것을 전유하고 습득해서 일궈낸 것이라고 본다. 이에 비해 자신에게 고유했던 것을 계발하는 데에는 별다른 노력을 기울이지 않기 때문에 자신의 것을 자유롭게 사용하는 것이 오히려 더 어려운 일이 되고 말았다는 것이다. 고로 자국 문화를 한 단계 발전시키기 위해서는 자신의 것과 타자의 것 사이의 변증법적 관계 속에서 자신의 것을 재전유하는 일이 필요하다는 것이 이 서신에서 전개한 횔덜린의 논지이다.



성이 존재하는 그대로 존재함과 다르지 않다.

아죠Agio[26]는 바로 이런 대표/재현될 수 없는 공간의 고유명이다. 실제로 아죠란 단어는 그 어원을 따라가면 이웃한(*ad-jacens, adjacentia*) 공간, 즉 각자가 자유롭게 움직이기 위해 필요한 빈 공간, 공간적 가까움이 시간적 유리함(*ad-agio, aver agio*)과 맞닿으며 편안함이 올바른 관계와 맞닿는 어떤 의미론적 성좌 속에서 움직이기 위해 필요한 공간을 가리킨다. 프로방스의 음유시인들은 (이들의 노래에서 그 단어가 로망스어에서는 처음으로, *aizi, aizimen*이란 형태로 등장한다) 아죠란 단어를, 사랑의 장소 그 자체를 지칭하는 그들 시학의 전문 용어 *terminus technicus*로 만들었다. 아니 그 용어는 사랑의 장소보다는 임의적 특이성에서 자리-잡음의 경험으로서의 사랑을 지칭한다는 편이 맞을 것이다. 이러한 의미에서 아죠는 바로 저 "자기 자신의 자유로운 사용"[27]의 완벽한 이름이며, 그것은 횔덜린의 표현에 따르면 "가장 어려운 과제"인 것이다. "내게는 당신이 아름다운 아죠에서 온 것 같군요*Mout mi semblatz de bel*

28 조프레 뤼델Jaufrè Rudel(1100경~1147경): '머나먼 사랑Amor de lonh'이라는 테마로 시를 쓴 남프랑스의 음유시인. 그는 한 번도 본 적 없는 트리폴리의 귀부인에 대한 그리움으로 십자군을 따라 예루살렘을 향했지만 선상에서 병을 얻어 해안에 도착하자마자 이 소식을 듣고 달려온 여인의 품 안에서 죽었다는 전설로 잘 알려져 있다.



*aizin*" 이것이 조프레 뤼델[28]의 노래에서 연인들이 만나면 나누던 인사이다.

07

—

# 습성

29 요하네스 로스켈리누스Johannes Roscellinus(1050경~1140경): 중세 보편논쟁에서 유명론을 주장한 프랑스 스콜라 철학자이자 논리학자.
30 솔즈베리의 존John of Salisbury(1120경~1180): 중세 보편논쟁에 참여했던 영국의 신학자.
31 피사의 우구치오네Uguccione da Pisa( ~1210): 이탈리아의 교회법학자. 당대 가장 영향력 있는 그라티아누스 교령집 주해집의 저자로 어원연구서도 집필했다.



중세의 논리학은 오늘날까지 언어사가들의 끈질긴 연구에도 불구하고 그것의 정확한 기원과 본래적 의미가 밝혀지지 않은 개념을 하나 알고 있었다. 물론 보편자와 종이 마네리에스*maneries*라는 주장이 로스켈리누스[29]와 그의 제자들에게서 나온 것이라는 출처가 발견되기는 한다. 솔즈베리의 존[30]은 저서 『메타로기콘Metalogicon』에서 마네리에스maneries란 단어를 인용하면서 그 개념을 완전히 이해하지 못했다고(*incertum habeo*) 말하지만 그 개념이 라틴어 마네레*manere*, 즉 '머물다'에서 유래한 듯하다고 말한다. ("혹자는 개별 사물들이 존재하는 대로 머물러 있는 사물의 수와 상태를 습성이라 일컫는다.") 이 저자들은 존재의 가장 보편적인 형상을 '습성'이라 불렀을 때 무슨 생각을 했던 것일까? 아니 왜 그들은 종과 류 외에 제3의 형상을 도입했던 것일까?

피사의 우구치오네[31]가 내린 정의는 이 저자들이 습성이라 불렀던 것이 종적인 것도 특수한 것도 아니라 범례적 특이성 혹은 다자적 특이성과 같은 것을 뜻하는 말이었음을 보여

32 라틴어로 '지속적인', '항구적인' 을 뜻함.
33 고대 로마에서 휴게소, 여인숙을 뜻하던 말.



준다. 우구치오네는 "이런 류의 풀이, 즉 마니에라maniera가 나의 정원에서 자란다고 말할 때 류는 습성이라 불린다"라 쓰고 있다. 이런 경우 가운데 하나로 논리학자들은 "어떤 것이 다른 것을 의미하기 위해 제시될 때" "지성적 지시(*demonstratio ad intellectum*)"라는 말을 쓴다. 그럴 때 습성은 종적인 것도 개별적인 것도 아니며 오히려 어떤 범례, 즉 임의적 특이성이다. 따라서 마네리스maneries란 개념이 '머물다*manere*'(존재의 잔류를 표현하기 위한 플로티누스의 모네*mone*, 중세 철학자들의 마넨티아*manentia*[32], 만시오*mansio*[33])에서 온 것도 아니고 (현대 문헌학자가 추측하듯) 손*manus*이란 말에서 유래한 것도 아니라 오히려 '흐르다*manare*'에서 온 것으로 즉 생성 중인 존재와 관련된다고 보는 것이 맞을 것이다. 이것은 서구 존재론을 지배해온 구분법으로 말해보자면 본질도 아니요 실존도 아니며 오히려 **생성 습성[maniera sorgiva]**이다. 그것은 이런저런 양태 속에 존재하는 존재가 아니라 **그 자신의** 존재 양태 자체인 존재이다. 따라서 그것은 특이하지만 무차별적이지는 않으면서도 다

34 이탈리아어 così를 번역한 것이다. 영어로는 thus, 불어로는 ainsi, 독어로는 so로 번역되었다. 모두 '이렇게' 또는 '그렇게'로 옮길 수 있다. 이 책에서는 앞서 '그렇게'로 번역한 tale와 구분 짓기 위해서 '이렇게'로 일관되게 옮겼다. 참고로 독어판에서는 così와 tale를 구분하지 않고 'so'라는 한 단어로 옮겼다. 하지만 이것을 오역이라고 볼 수는 없다. 아감벤이 서로 다른 두 단어를 사용하고 있지만 이를 통해 말하고자 바는 거의 같다고 보이기 때문이다. 이 두 단어를 구분하는 것은 우리말에서 '이렇게'와 '그렇게'를 구분하는 것만큼이나 어렵다. 게다가 이탈리아어에서 그 차이는 한국어에서처럼 말하는 자와 대상 간의 거리감의 차이에 있지 않다. 아감벤은 두 단어를 서로 용법은 다르지만 세계가 '그냥 그렇게' 존재한다고 할 때 그 '그냥 그렇게'의 뜻을 표현하기 위해 사용하는 것으로 보인다.



자적이며 모두에 해당된다.

이러한 생성 양태의 이념을 통해서만, 이러한 존재의 본원적인 매너리즘을 통해서만 존재론에서 윤리학으로 넘어가는 공통된 길을 찾을 수 있다. 자기 자신의 기저에 머물지 않는 존재, 자기 자신을 우연이나 운명에 의해 조건들이라는 고통에 처하게 된 숨은 본질로 **가정하는** 존재가 아니라 자신의 조건들 속에서 자신을 **노정하는** 존재는 잔여 없는 존재의 **'이렇게'**[34]**이다**. 그런 존재는 우연적이지도 필연적이지도 않으며 **자기 자신의 습성으로부터 꾸준히 산출(産出)된** 것이다.

플로티누스가 일자의 자유와 의지를 정의하고자 했을 때 이런 종류의 존재를 염두에 두었음에 틀림없다. 플로티누스가 설명하기를 우리는 "그것이 이렇게 존재하게 되었다"라고 말할 수 없고 오로지 그것은 "자기 존재에 대해서 주인이 되지 않은 채, 자신이 존재하는 대로 존재한다"라고만 말할 수 있다. 또 그것이 "자기 자신의 기저에 남아있지 않고 스스로를 자신이 존재하는 대로 사용한다"라고, 그것은 다르게는 존재할 수 없다는 의미에서 필연적으로 이렇게 존재하는 것이 아니라 "'**이렇게**'가 최선이기 때문에" 그렇다고 말할 수 있다.

이러한 **자기 자신의** 자유로운 **활용**, 실존을 속성으로 다루지 않는 방식을 유일하게 이해하는 길은 실존을 **하비투스**habitus, **에토스***ethos*로 생각해 보는 것이다. 자기 자신의 존재방식으로부터 산출되었다는 것은 물론 우리가 보통 습관이라 부르는 것(그래서 그리스인들은 그것을 제2의 본성이라 불렀다)과 다르지 않다. **저 습성이 우리를 엄습한다거나 우리를 정립하지 않고 우리를 산출할 때** 그것은 윤리적이다. 자기 자신의 습성에서 산출된다는 것은 인간에게 진정으로 가능한 유일한 행복이다.

생성 습성은 임의적 특이성의 자리이자 그것의 개체화 원리*principium individuationis*이기도 하다. 이것은 자기 자신의 고유한 습성인 존재에게 있어 존재를 본질로 규정하고 식별하는 속성이라기보다는 비-속성이다. 존재가 범례가 되는 것은 이러한 비-속성을 자신의 고유한 존재로 간주하고 전유할 때이다. 예는 자신의 예가 자기 자신인 유일한 존재이다. 하지만 이러한 존재도 그 자신에게 속하지 않으며 전적으로 공통적이다. 우리가 우리 자신의 고유한 존재로서 노정하는 비-속성, 즉 우리가 **사용**하는 습성은 우리 자신을 산출해낸다. 그것은 우리의 제2의, 더 행복한 본성이다.

08

—

# 악마적

최종적으로는 사탄도 구원을 받아야 한다고 주장하는 이단적 경향이 얼마나 끈질기게 되풀이되고 살아남아 왔는지는 잘 알려져 있다. 게헤나의 마지막 남은 악령까지 천국으로 호송되어 구원사의 대장정이 빠짐없이 마무리되면 로베르트 발저 세계의 막이 오른다.

카프카와 발저, 20세기에 자신들을 에워싼 무시무시한 공포를 가장 명료하게 고찰할 줄 알았던 두 작가가 우리에게 전통적으로 지고의 악으로 여겨졌던 악마적인 것이 사라진 세계를 보여준다는 것은 놀라운 일이다. 발저가 창조한 인물들은 말할 것도 없고 카프카가 창조한 클람도 백작도, 사무원도 판관도, 그 인물들이 아무리 애매한 성격을 띠고 있다고 해도 악마학의 목록에 이름을 올릴 인물은 아무도 없을 것이다. 저 두 작가의 세계에서 어쩌다가 살아남은 악마적인 요소 같은 것이 있다고 해도 그것은 스피노자가 악마는 가장 유약한 피조물일 뿐이며 신으로부터 가장 멀리 떨어져 있다고 썼을 때 떠올렸을 법한 형상을 하고 있을 것이다. 그런 형상으로서 –즉, 악마가 본질적으로 불능[impotenza]이라는 점에서- 악마는 우리에게 해를 끼칠 수도 없고, 아니 그러기는커녕 우리의 도움과 기도를 절실히 필요로 한다. 악마는 존재하는 모든 것 속에서 우리의 도움을 조용히 요청하는 비존재의 가능성이다. (아니면 악마가 신적 불능이나 신 안의 비존재의 능력에 지나지 않는다고 말해도 좋다.) 악은 단지 우리가 이러한 악마적 요소와 맞닥뜨렸을 때 보이는 우리의 부적절한 반응이다. 우리는 존재의 힘을 행사하기 위해서 -그 안에서 우리는 우리 자신을 확인한다- 악마적 요소로부터 슬금슬금 도망간다. 불능 혹은 존재하지 않을 능력은 이러한 부수적 의미에서만 악의 근원이 된다. 우리 자신의 불능에서 도망치거나 혹은 차라리 불능을 무기로 사용하면서 우리는 우리에게 자신들의 약점을 보여주는 것들을 억압하는 악의적인 힘을 쌓아간다. 우리는 우리의 가장 내적인 비존재 가능성을 놓침으로써, 사랑을 가능케 하는 유일한 것을 잃어버리게 된다. 창조-혹은 실존-는 존재할 능력이 존재하지 않을 능력에 맞서 승리를 거둔 싸움이 아니다. 창조는 오히려 신이 자기 자신의 불능에 대해 갖는 불능이며, 신이 존재의 우발성에 대해 내리는 허락-존재하지 아니 아니할 수 있는 존재-이다. 아니, 차라리 그것은 신 안에서의 사랑의 탄생이다.

이것이 어째서 카프카와 발저가 신적 전능성의 대항마로 피조물들의 자연적 무죄보다는 유혹이 갖는 자연적 무죄를 관철시키려 했는가 하는 이유이다. 그들의 악마는 유혹자가 아니라 끝없이 유혹당하기 쉬운 존재이다. 아돌프 아이히만, 바로 법과 법률의 권력에 의해 악에 유혹당한 완벽히 평범한 그 인간은 우리 시대가 카프카와 발저의 진단에 보복을 가한다는 것을 끔찍하게 확인시켜준다.

09

—

# 바틀비

칸트는 가능성의 도식을 "한 사물의 표상의 임의의 시점에서의 규정"이라 정의한다. 여기에서 **임의적인** 것의 형상, 즉 환원불가능한 쿼드리벳*quodlibet*의 성격은 잠재성과 가능성이 현실성과 구분되는 한에서 잠재성과 가능성에 내재하는 것처럼 보인다. 그런데 여기서 말하는 잠재성이란 대체 무엇인가? 또한 이러한 맥락에서 "임의성"은 무엇을 의미하는가?

아리스토텔레스에 의하면 잠재성이 표출되는 양태에는 두 가지가 있는데 여기에서는 그가 "~이지/존재하지 않을 잠재성"(*dynamis me einai*) 혹은 비잠재성(*adynamia*)이라 불렀던 것이 우리의 관심을 끈다. 임의적 존재가 항상 잠재적 성격을 띠고 있다면 임의적 존재는 이런저런 행위를 할 잠재성이 있을 뿐만 아니라 모든 잠재성을 결여한 채 아무것도 할 수 없을 수도 있고 또한 모든 것을 구분 없이[무차별적으로] 잘할 수도, 즉 만능일 수도 있다. 고유하게 임의적인 존재는 ~이지/존재하지 않을 수 있는 것이다. 그 존재는 자신의 비잠재성을 실현할 능력이 있다.

이로써 모든 것은 잠재성이 행위로 전환되는 양태에 달려 있다. 실제로 ~일 잠재성과 ~이지 않을 잠재성 간의 정합성은 겉보기에만 명백한 것이다. ~일 잠재성에서 잠재성은 어떤 행위를 향해 있다. 그 말은 잠재성에 있어 에네르게인*Energein*, 즉 행위 중에 있음은 특정한 현실성으로 이행한다는 오직 한 가지 의미만을 갖는다는 것을 뜻한다. (셸링이 행위로 이행되지 않을 능력이 없는 잠재성을 **맹목적**이라 부른 것은 이런 이유에서이다.) 반면 ~이지 않을 잠재성에 있어서 행위는 잠재성에서 현실성으로의*de potentia ad actum* 단순한 이행에서 성립될 수 있는 것이 아니다. 이때 잠재성은 즉 잠재성 자체를 대상으로 삼는 어떤 잠재성, 즉 잠재성의 잠재성*potentia potentiae*이다.

고로 능력[potenza]과 불능[impotenza]을 똑같이 행할 수 있는 이러한 능력만이 최고의 능력이라 하겠다. 모든 능력이 ~일 능력이자 ~이지 않을 능력이라면 행위로의 이행은 ~이지 않을 원래의 능력이 행위로 옮겨짐으로써 (아리스토텔레스는 "구출됨으로써"라 말한다) 이루어질 수 있다. 이 말인즉슨 모든 피아니스트에게는 필연적으로 연주할 능력과 연주하지 않을 능력이 똑같이 있다는 것, 글렌 굴드는 아마도 연주하지 아니 아니할 수 있는[can not not-play] 유일한 피아니스트라는 것, 또한 그는 자신의 능력을 오로지 행위에만 쏟은 것이 아니라 자신의 불능에도 쏟음으로써 이를테면 연주하지 않을 능력으로 연주한 것이라 말할 수 있다는 것을 의미한다. 그의 능력이 그의 연주하지 않을 잠재성을 단순히 부인하고 사상하는 반면에 그의 대가다운 연주가 행위 속에 보존하고 행사하는 것은 그의 연주할 잠재성이 아니라 (이는 긍정적인 잠재성이 행위에 대해 우월성을 확인하는 아이러니의 위치이다) 오히려 그의 연주하지 않을 잠재성이다.

아리스토텔레스는 『영혼에 대하여De anima』에서 바로 이러한 이론을 형이상학의 최고의 주제로 선포했다. 아리스토텔레스는 가령 사유가 실제로 단지 이런저런 지성에 포착될 수 있는 것만을 사유하는 능력에 불과하다면 사유는 이미 항상 행위로 넘어간 것이고 고로 자신의 대상보다 열등한 것이 됐을 것이라 주장한다. 하지만 사유는 자신의 본질상 순수한 잠재성, 즉 사유하지 않을 잠재성이며 그런 것으로서 가능적 혹은 질료적 지성이라 할 수 있다. 아리스토텔레스는 이런 사유를 아무것도 쓰이지 않은 서판에 비유한다. (이 유명한 이미지는 라틴어 역자들이 타불라 라사*tabula rasa*라 옮겼던 것이다. 물론 고대 주석자들이 논평했던 바대로 차라리 라숨 타불라이*rasum tabulae*, 즉 서판을 덮고 있고 석필의 새김자국이 나는 밀랍층이라 부르는 편이 더 적합했을 테지만.)

사유는 오로지 이러한 사유하지 않을 잠재성 덕분에 자기 자신으로 (자신의 순수한 잠재성에) 되돌아갈 수 있고, 자신의 정점, 즉 사유의 사유일 수 있다. 이 경우에 사유가 사유하는 것은 어떤 대상, 행위 중에 있음이 아니라 저 밀랍층, 즉 자신의 수동성 자체이자 (사유하지 않을) 순수한 잠재성에 다름 아닌 저 라숨 타불라이*rasum tabulae*이다. 자기 자신을 사유하는 잠재성 속에서 능동과 수동은 하나가 되며 서판은 스스로 써 나간다. 아니 서판은 자신의 수동성을 써 나간다.

35 아랍어 문화권에서 널리 쓰이는 갈대로 만든 필기도구를 지칭했으나 현대 아랍어, 터키어에서는 단순히 펜이나 연필을 일컫는다.



완전한 쓰기 행위는 쓰는 능력에서 나오는 것이 아니라 자기 자신을 향하는, 그렇게 순수한 행위로서 자기 자신에게 되돌아가는 (아리스토텔레스가 능동지성 혹은 제작지성이라 불렀던) 불능에서 나온다. 능동지성이 왜 아랍 전통에서 칼람*Qalam*[35], 즉 펜이라 불리는 천사의 형상을 하고 있으며 그 천사가 불가해한 잠재성에 자리하는 것은 이러한 이유에서이다. 바틀비, 쓰기를 단순히 중단한 것이 아니라 "차라리" 쓰지 "않겠다"는 이 필경사는 쓰지 않을 자신의 잠재성 외에는 아무것도 쓰지 않는 그 천사의 극단적인 상이다.

# 10

—

# 만회불가능한

토마스 아퀴나스의 『신학대전*Summa Theologica*』의 보충부 제91문에는 "심판 후의 세상*De qualitate mundi post iudicium*"이란 제목이 달려 있다. 제91문의 관심사는 최후의 심판 이후 자연의 상태가 어떻게 될 것인가이다. 우주의 일신*renovatio*이 이루어질 것인가? 항성들은 운행을 멈추게 될 것인가? 세상의 각 성원들은 더 찬란하게 빛날 것인가? 동물과 식물은 어떻게 될 것인가? 이런 모든 질문들은 어떤 논리적 문제에 부딪히는데 그것은 이 감각적 세계가 불완전한 인간의 존엄과 거처에 맞게 설비되어 있다면 인간이 자신의 초자연적 운명에 도달하게 되었을 때 그 세상은 대체 어떤 의미를 가질 수 있는가의 문제이다. 자연은 자신의 목적인에 도달한 뒤에도 살아남을 수 있을까? 이런 문제에 대해서, "선하고 신실한 대지" 위를 거니는 발저의 산보는 오직 한 가지 대답만을 인정한다. 그것은 "이 매력적인 지역", "싱싱한 잔디", "점잖이 졸졸대는 시냇물", "환희의 깃발로 꾸며진 흥겨운 회관", 아가씨들, 미장원, 빌케 부인의 방, 모든 것이 앞으로도 지금과 같을 것이고, 그것은 만회불가능하게도 그렇다. 하지만 이것이 바로 그것들의 새로운 점이다. 만회불가능함은 발저의 글쓰기가 사물들에 아로새기는 그의 이니셜이다. 만회불가능하다는 것은 사물들이 구제할 길 없이 자신의 이렇게 존재함에 맡겨져 있다는 것이며 바로 **이렇게**밖에 존재할 수밖에 없다는 것이다. (자신이 아닌 다른 누군가가 되려는 노력만큼 발저에게 낯선 것은 없을 것이다.) 하지만 만회불가능하다는 것은 자구 그대로는 사물들에게 아무런 보호처도 존재하지 않는다는 의미이며 사물들이 제 이렇게 존재함 속에서 완전히 노정되어 있고 버려져 있다는 의미이기도 하다.

이는 서구 사상의 두 교차축인 필연성과 우연성이 심판 후의 *post iudicium* 세상에서 사라져 버린다는 것을 함의한다. 세계는 이제 계속해서 필연적으로 우연적일 것이며 우연적으로 필연적일 것이다. 필연성의 법령을 승인하는 **존재하지 않을 수 없음**과 변동하는 우연성을 규정하는 **존재하지 않을 수 있음** 사이에서 유한한 세계는 결코 어떤 자유도 정초하지 않는 제2의 잠재성에 우연성을 들여놓는다. 세계는 **존재하지 아니 아니할 수 있다.**

36 스카르다넬리는 횔덜린이 1837년부터 사용한 필명이다.
37 횔덜린의 시 「가을Der Herbst」(1842).



세계는 만회불가능함을 행할 수 있다.

이것이 바로 "자연이 말할 수 있다면 통곡부터 시작할 것이다"라는 옛 격언이 여기에서는 들어맞지 않는 이유이다. 왜냐하면 최후의 심판이 있은 뒤 동식물들과 사물들, 지상의 모든 성원들과 피조물들은 자신들의 신학적 임무를 완수했기 때문에 이렇게 말해도 된다면 어떤 타락할 수 없는 타락을 만끽하게 될 것이고 그들 위에는 세속적인 후광 같은 것이 떠 있을 것이다. 이런 점에서 도래하는 특이성의 상태를 가장 적실하게 표현해낸 것으로서 횔덜린-스카르다넬리[36]의 마지막 시들 가운데 하나인 다음 시의 마지막 두 행만한 것도 없을 것이다.

(그것은) 황금의 날로 드러난다.
완전무결함은 통곡 없이 존재한다.[37]

# II

—

# 윤리

어떤 윤리 담론이든 간에 그 출발점은 인간이 정립하거나 실현해야 할 본질이나 역사적 혹은 종교적 사명, 생물학적 운명 따위는 없다는 사실이 되어야 한다. 이것이 윤리와 같은 것이 존재할 수 있는 유일한 근거가 된다. 왜냐하면 인간이 이런저런 실체이거나 실체이어야 한다면, 또 이런저런 운명이거나 운명이어야 한다면 그 어떤 윤리적 경험도 가능하지 않을 것이기 때문이다. 그저 이루어야 할 과업이 있을 뿐이다.

그렇다고 인간이 어떤 무엇이거나 어떤 무엇이어야 한다는 말은 아니며, 또한 인간이 무에 맡겨진 것이고 존재할지 아니할지, 이런저런 운명을 받아들일지 아니할지를 자의적으로 결정할 수 있다는 말도 아니다. (허무주의와 결단주의는 이 지점에서 만난다.) 실상은 인간이고 인간이어야 하는 무언가가 존재하는데 그 무언가는 본질도 아니며, 본래적 의미에서 어떤 사물도 아니다. **그것은 가능성 또는 잠재성으로서의 자기 현존이라는 단순한 사실이다.** 하지만 바로 이 점 때문에 모든 것은 복잡해지며 바로 이 점 때문에 윤리는 작동하게 된다.

자기 자신의 가능성이나 잠재성으로 존재한다는 것이 인간이 가장 고유하게 존재하는 것이라는 그 이유 때문에 (즉, 인간은 자신의 가장 고유한 존재, 즉 잠재성을 어떤 의미에서는 결여하고 있는 한에서, 또한 존재가 존재하지 않을 수 있는 한에서 존재는 근거가 없으며 인간은 언제나 존재를 이미 소유하고 있는 것은 아니다) 인간은 죄가 있고 있다고 느낀다. 때문에 인간은 ~일/존재할 잠재성과 ~이 아닐/존재하지 않을 잠재성 속에서, 다른 말로는 이미 항상 죄를 지고 있다. 인간은 어떤 비난받을 행동을 저지르지 않고도 양심의 가책을 갖게 된다.

이것이 옛 신학 교리가 원죄에 대해서 말하는 바이다. 반면 도덕은 이 교리를 인간이 저지른 어떤 비난받을 행동과 관련시키고, 인간의 잠재성을 과거에 회부함으로써 잠재성에 족쇄를 채운다. 악이 존재한다는 증거는 죄를 짓는 모든 행위보다 더 오래되고 근원적이다. 그것은 자신의 가능성 혹은 잠재성이며 또는 가능성 혹은 잠재성이어야 한다는 인간이 어떤 의미에서는 과오를 범하고 있으며 이 과오를 전유해야 하고 **잠재성**으로서 **실**

38 크레티앵 드 트루아의 다섯 번째이자 마지막 아서 왕 소설인 『그라알 이야기 또는 페르스발에 대한 소설Le roman de Perceval ou le Conte del Graal』(1185년경)을 말한다. 『그라알 이야기』(최애리 역, 을유문화사, 2009)에서 페르스발은 서툴지만 기사도 정신을 타고나 원탁의 기사들 중 가장 유명한 영웅이 된다. 그러나 그는 치명적인 실수를 하나 저지르고 만다. 그는 어느 날 저녁 어부왕에게 극진한 대접을 받지만 자신이 왜 불수의 몸이 되었는지, 그의 집에서 일어나는 이상한 일들, 예컨대 그라알을 어디로 가져가는지 등에 대해 묻지 않았던 것이다. 말을 너무 많이 하지 말라는 대인의 가르침이 생각났기 때문이다. 하지만 그가 어부왕에게 그것에 대해 물어보았더라면 그는 어부왕과 그의 왕국을 구할 수도 있었다는 점이 곧 드러난다. 이런 실수로 인해 그의 이름은 '불행한 페르스발'로 바뀌게 된다.

존해야 한다는 오로지 그 사실에 기초한다. 크레티앵 드 트루아의 소설에 나오는 페르스발[38]처럼 인간은 자신이 결여한 것에 대해 죄가 있고 자신이 범하지 않은 행동에 대해 죄가 있다.

이것이 윤리에서 후회가 차지할 자리가 없는 이유이다. 또 이것이 유일하게 윤리적인 경험(어떤 과업이거나 주체의 결단일 수 없는 것으로서)은 (자기 자신의) 잠재성의 경험이며 (자기 자신의) 가능성이 되는 것, 즉 모든 형상에 자신의 무형상성을, 모든 행위에 자신의 무위를 노정하는 것이 된다.

이와는 반대로 악은 오직 실존의 죄 속에 잔류하겠다는 결단, ~이지 않을 잠재성을 실존 너머에 있는 실체나 근거로 전유하겠다는 결단, 혹은 심지어는 (이것이 도덕의 운명인데) 잠재성, 즉 인간 실존의 가장 고유한 양태를 어떤 식으로든 억눌러야 마땅한 잘못으로 간주하겠다는 결단에서 성립한다.

12

—

# 딤(DIM) 스타킹

1970년대 초반 파리의 영화관에서는 유명한 스타킹 상표를 선전하는 CF가 흘러나왔다. 그 CF는 함께 무리를 지어 춤을 추는 소녀들을 보여주었다. 그 광고를 본 사람은 누구나 단 몇 컷만 보아도, 그저 무심히 눈길을 주었다 하더라도 미소를 지으며 춤추는 소녀들의 육체에서 뿜어 나오는 공시성과 불협화음, 혼란과 특이성, 소통과 소외가 조합된 그 독특한 인상을 잊기란 어려웠다. 이 인상은 어떤 트릭에 기댄 것이었는데 그것은 소녀들을 각각 촬영하여 나중에 사운드트랙에 맞게 편집하는 수법이었다. 이 단순한 트릭에서, 즉 염가의 공산품에 싸인 길쭉한 다리들의 움직임이 만들어내는 정교히 계산된 비대칭성과 그 몸짓들의 미세한 변주에서 명백히 인간 육체를 향하는 어떤 행복을 약속하는 기운이 관객들에게 불어왔다.

1920년대 자본주의의 상품화 과정이 인간의 형상을 투입하기 시작했을 때 이런 현상을 결코 반기지 않았던 이들조차 그 현상에서 긍정적인 측면을 발견해내지 않을 수 없었다. 마치 자본주의 생산양식의 한계를 넘어서는 예언이 담긴 어떤 부패한

39 크라카우어의 에세이 『군중의 장식Das Ornament der Masse』(1927)을 말함.



텍스트와 마주한다는 듯, 그래서 어떻게 해서든 그 텍스트를 해독하지 않으면 안 된다는 듯 말이다. 그렇게 '걸스*girls*'에 대한 크라카우어의 고찰[39]과 아우라의 쇠락에 대한 벤야민의 고찰이 생겨났다.

인간 육체의 상품화는 육체를 대량생산과 교환가치라는 철칙에 종속시킴으로써, 수천 년간 육체에 찍혀있던 불가언성의 낙인으로부터 육체를 해방시키는 듯했다. 인간의 육체는 생물학적 운명과 개인적 생의 기록이라는 이중의 속박으로부터 풀려나 비극적 육체의 분절되지 않은 울부짖음과도 결별했을 뿐만 아니라 희극적 육체의 무성성과도 결별했다. 그리하여 육체는 최초로 완전히 전달/소통 가능한 것으로서 찬란한 빛을 받으며 등장했다. 그렇게 "걸스"의 춤과 광고 이미지에서, 또 패션모델의 걸음걸이에서, 상품화의 규준에 따라 인간의 형상을 인간의 신학적 토대로부터 해방시키는 과정이 이루어졌다. 이러한 과정은 이미 산업화의 규모로 진행되었다. 때는 이미 19세기 초부터 석판 인쇄술과 사진술의 발명으로 포르노 이미지들이 염가로 대량 유포되는 것이 활발해지던 시대였다. 이제 육체는 종도 개체도 아니며, 신성의 모상이나 동물적 형상의 모상도 아니었다. 육체는 진정한 의미에서 **임의적인 것**이 되었다.

여기에서 상품은 신학의 이율배반들과 은밀히 맺은 (마르크스가 이미 주목했던) 동맹관계를 배반하기에 이른다. 창세기에서 "우리의 형상을 따라 우리의 모양대로"라는 구절이 말하듯 인간 형상은 신 속에 정초됨으로써 보이지 않는 원형과 연결되었고 이로써 전적으로 비물질적인 유사성이라는 모순된 개념이 만들어졌기 때문이다. 육체는 상품화로 말미암아 자신의 신학적 전범으로부터 해방되는 듯했으나 유사성 자체는 보존하였다. 그 말인즉슨 **임의자는 원형 없는 유사성, 다른 말로는 하나의 이데아라는 것**이다. 아무리 기술화된 육체가 선보이는 완벽히 대체가능한 미가, 스카이아 성문에서 헬레나를 대면한 트로이의 원로들을 혼란에 빠트렸던 ("그렇게 불멸의 여신들과 소름 끼치게 유사한 그녀의 모습을 보면서") 저 우니쿰*unicum*의 현상과 전혀 관련이 없다고 해도 양자에는 모두 유사성과 같은 것이 진동하고 있다. 인간 육체는 더 이상 신이나 동물과 닮아 있지 않다. 인간 육체는 나머지 인간들의 육체와 닮아 있다. 이것이 오늘날의 예술에서 인간의 형상이 사라진 까닭이며 초상화가 몰락하게 된 근거이다. 유일무이한 것을 포착하는 것은 초상화의 과제이다. 그러나 임의성들을 포착하려 한다면 카메라 렌즈가 필요하다.

이러한 해방의 과정은 어떤 의미에서는 예술만큼이나 오래된 것이기도 하다. 인간의 손이 처음으로 인간의 형상을 그리고 빚어낸 그 순간부터 피그말리온의 꿈은 언제나 존재해왔다. 그 꿈이란 사랑하는 육체의 상을 창조해내는 것이 아니다. 그 상 속에 제2의 육체를 창조해내는 것, 행복에 대한 인간의 절대적 요구를 가로막는 유기체적 장벽을 폭파하는 것이다.

오늘날, 상품 형식이 사회적 삶의 제반 측면들을 완전히 지배하는 시대에서, 딤(DIM) 스타킹을 신은 소녀들이 칠흑 같은 영화관에 앉아 있던 우리의 귓가에 속삭인 그 행복에 대한 경솔한 약속에는 무슨 의미가 남아있을 수 있을까? 이제껏 인간의 (특히 여성의) 육체가 광고업과 상품생산 기술에 의해 머리부터 발끝까지 새로 상상될 정도로 그렇게 대량으로 조작된 적은 없었다. 성차의 애매성은 트랜스섹슈얼한 육체에 의해 부인되고 있다. 유일무이한 자연*physis*의 소통될 수 없었던 이질성은 스펙터클로 매개화됨으로써 지양되고 있으며 유기적 신체의 필멸성은 상품이라는 기관 없는 신체와의 성교로 인해 의심받고 있으며, 성생활의 친밀성은 포르노그래피로 반박되고 있다. 그럼에도 불구하고 기술화 과정은 육체를 물질적으로 투입하는 것이 아니라 오히려 육체와 사실상 아무런 접촉이 없는 분리된 영역을 구축하는 데 관심을 쏟는다. 기술화되는 것은 육체가 아니라 육체에 대한 상이다. 그러므로 광고 속 찬란한 육체는 어떤 가면에 지나지 않으며, 그 가면 뒤에는 연약하고 빈약한 인간 육체가 보잘것없는 목숨을 부지하고 있는 것이고 기하학적으로 배치된 소녀들*girls*의 광채는 수용소*Lager*에서 죽음을 향해 길게 늘어선 익명의 벌거벗은 몸과 고속도로에서 매일같이 난도질당하는 수천 구의 육신을 가리고 있는 것이다.

자본주의가 스펙터클의 영역에 한정시키고자 하는 인간 본성의 역사적 변동을 전유할 것, 그리고 이미지와 육체를 더 이상 분리할 수 없는 공간 속에서 연결할 것, 이로써 자신의 자연 *physis*이 유사성인 임의적 육체를 구축할 것 -이런 것이야말로 인류가, 몰락해가는 상품으로부터 끄집어내야 할 자산이다. 흡사 곡하는 부녀자들처럼 상품을 무덤까지 따라다니는 광고와 포르노그래피는 새로운 인간 육체의 탄생을 부지불식간에 도와주는 산파들이다.

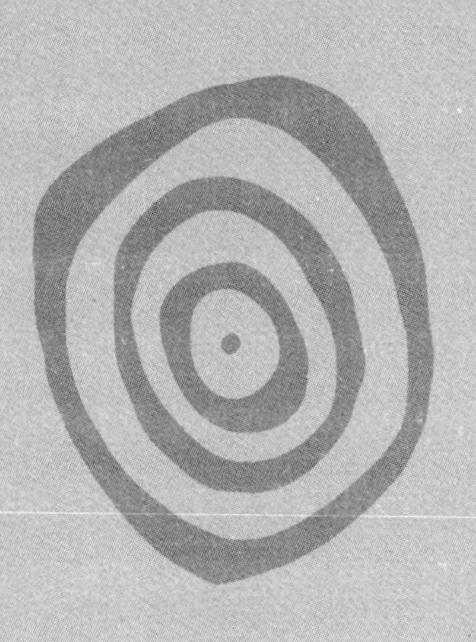

# 13

—

# 후광

40 게르숌 숄렘을 말한다. 그는 1934년 7월 9일 벤야민에게 보내는 편지에 블로흐가 말하는 위대한 "진정한 카발라주의자인 어느 랍비"는 바로 본인이라면서 이렇게 영예를 얻어나간다며 농을 한다. 숄렘이 생각해낸 이 이야기는 블로흐의 『흔적들』의 「신묘한 손Die glückliche Hand」에 들어 있다.



발터 벤야민이 어느 날 저녁 에른스트 블로흐에게 얘기해 주었고 (벤야민은 그 이야기를 게르숌 숄렘에게서 들었다) 블로흐가 『흔적들Spuren』에 옮겨놓은 메시아의 왕국에 대한 유명한 우화가 있다. "진정한 카발라주의자인 어느 랍비[40]가 한번은 말하기를 평화의 왕국을 재건하기 위해서 모든 것들이 파괴되었다가 다시 완전히 새로운 세계가 시작될 필요는 없다. 그저 이 찻잔 하나, 이 관목 한 그루, 이 돌 한 알, 이렇게 모든 것들이 그저 조금씩만 자리를 옮기기만 하면 된다. 하지만 이 조그만 전위(轉位)를 이루어내기가 너무도 어렵고 그 전위의 기준을 마련하기가 너무도 어렵기 때문에 이 세계의 일은 인간의 힘으로는 버거울 뿐이고 메시아가 도래해야 한다." 벤야민은 이것을 이렇게 옮겼다. "하시딤*Hassidim*에는 도래할 세계에 대한 이야기가 하나 나온다. 그 이야기는 저곳에서 모든 것은 이곳처럼 되어 있다고 말한다. 지금 우리의 방이 그러한 대로 도래할 세계에서도 우리의 방은 그러할 것이다. 우리 아이가 지금 자는 곳에서 도래할 세계에서도 우리 아이는 자게 될 것이다. 우리가

이 세계에서 입고 있는 옷은 우리가 그곳에서도 입게 될 것이다. 모든 것은 지금과 같을 것이다. 아주 약간만 다를 뿐이다."

절대자가 이 세계와 동일하다는 테제는 새로운 것은 아니다. 그 테제는 극단화된 형태이긴 하지만 "열반과 현세 사이에는 티끌만큼의 차이도 없다"라는 인도 논리학자의 공리에서 이미 언명된 것이다. 새로운 것이 있다면 그것은 그 우화가 메시아적 세계에 도입하는 그 미세한 전위에 해당한다. 하지만 이 미세한 전위, 이 "모든 것은 지금과 같을 것이고, 아주 약간만 다를 뿐이다"라는 것은 설명하기 어렵다. 이는 단순히 축복받은 자의 코가 약간 짧아진다거나, 탁자 위의 찻잔이 정확히 반 센티미터 밀려날 것이라거나, 바깥에 개가 짖기를 멈춘다거나와 같은 의미로 실제 상황과 관련되는 것이 아니다. 미세하게 위치가 달라지는 것은 사물들의 상태가 아니라 사물들의 의미와 한계이다. 그것은 사물들 안에서가 아니라 오히려 사물들의 주변부에서, 모든 사물과 자기 자신 사이에 놓인 아죠*agio*에서 일어난다/자리를 잡는다. 비록 완전성이 실제적인 변화를 함축하는 것은 아닐지라도 그렇다고 단순히 사물들의 외적 상태나 불치의 "그렇다면 그래라"를 포함하는 것도 아니다. 그 우화는 모든 것이 완전한 곳에 가능성을, 모든 것이 영원히 완료된 곳에 "다르게"를 도입한다. 이것이 그 우화의 풀리지 않는 아포리아이다. 어떻게 사물들은 그것들이 완전히 완료된 뒤에 "다르게" 될 수 있는 것일까?

이와 관련해서는 성 토마스 아퀴나스가 후광에 관한 간략한 논문에서 개진한 이론이 도움이 될 것이다. 아퀴나스는 선택받은 자가 받는 팔복은 인간의 본성을 완벽하게 작동하는 데 필요한 모든 선을 포함하기 때문에 거기에 아무것도 덧붙여질 것은 없다고 주장한다. 하지만 추가로(*superaddi*) 덧붙여질 것이 있는데 그것은 "본질적인 것에 덧붙여진 우발적 보상(報償)"으로서 팔복에 꼭 필수적인 것도 아니고 팔복을 본질적으로 바꾸지는 못하지만 그 복을 더욱 찬란하게(*clarior*) 할 수는 있다.

후광은 바로 이렇게 완전함에 덧붙여지는 보충이다. 그것은 마치 완전한 것의 미세한 떨림, 완전한 것의 가장자리에 은은히 비치는 빛과 같은 것이다.

토마스 아퀴나스는 우연적 요소를 완전한 상태*status perfectionis*에 도입하는 것이 얼마나 대담한 일인지 의식하지 못했던 것 같다. 이 점이 왜 로마의 교부가 후광을 다룬 문제*questio*에 사실상 아무런 주해도 붙이지 못했는지 충분히 설명해 준다. 후광은 팔복에 덧붙여질 수 있는 어떤 것*quid*, 어떤 속성, 어떤 본질이 아니다. 그것은 완전히 비본질적인 보충이다. 하지만 바로 이런 이유에서 성 토마스는 자신도 예기치 못하게 몇 년 뒤 둔스 스코투스가 개체화의 문제에 도전장을 내밀며 제기한 이론을 선취한 것이다. 스코투스는 축복받은 자들 가운데 하나가 다른 사람의 후광보다 더 밝은 후광을 받을 만한 자격이 있는지에 대한 문제에 답하면서 말하기를 (완료된 것은 증가할 수도 감소할 수도 없다는 이론에 반박하면서) 팔복은 특이성으로서가 아니라 유적 존재[species]로서 완전한 상태에 도달하는데 그것은 "마치 불꽃이 하나의 유적 존재로서 모든 물체 중 가장 은은한 것과 같다. 하나의 불꽃이 다른 불꽃보다 더 은은히 빛날 수 있듯이 하나의 후광이 다른 후광보다 더 밝게 빛나지 말라는 법은 없다."

따라서 후광은 팔복이 개체화된 것이며 완전한 것이 특이해진 것이다. 둔스 스코투스가 말했듯 이 개체화는 새로운 본질이나 변화를 자신의 본성에 추가하는 것을 포함하지 않고 오히려 자신의 특이한 완료를 함축한다. 하지만 성 토마스는 스코투스와 달리, 여기에서 특이성은 사물의 궁극적인 규정이 아니라 사물의 한계를 드러내거나 불확정하게 만드는 것이라 보았다. 그것은 **불확정에 의한** 역설적인 **개체화**이다.

이런 의미에서 후광을 가능성과 실재성, 잠재성과 현실성이 더 이상 구분될 수 없는 지대라고 생각하는 사람이 있을 수도 있다. 자신의 끝에 도달한 존재, 그래서 자신의 모든 가능성을 소진한 존재는 보충적인 가능성을 선물로 받는다. 이것이 바로 현실성과 혼합된 잠재성*potentia permixta actui* (혹은 잠재성과 혼합된 현실성*actus permixtus potentiae*)으로 특수한 형태나 본성이 그 안에서 보존되는 것이 아니라 잔여 없는 새로운 탄생을

41 프란치스쿠스 드 마르키아Franziscus de Marcia를 가리킨다. 그는 프란체스코 교단의 신학자이자 철학자였다.



위해 혼합되고 용해되는 한에서 14세기의 어느 탁월한 철학자[41]가 *actus confusionis*, 즉 융합적 행위라 부른 것이다. 자신의 한계를 불확정한 것으로 만들고 흐릿하게 만들며 스스로 임의성이 되는 완료된 것의 감지될 수 없는 떨림은 메시아적 세계에서 모든 것이 성취해야 할 그 미세한 전위이다. 그것의 팔복은 오직 행위 뒤에만 따르는 잠재성의 팔복이며, 형태의 기저에 머물지 않고 그 형태를 후광으로 감싸는 물질의 팔복이다.

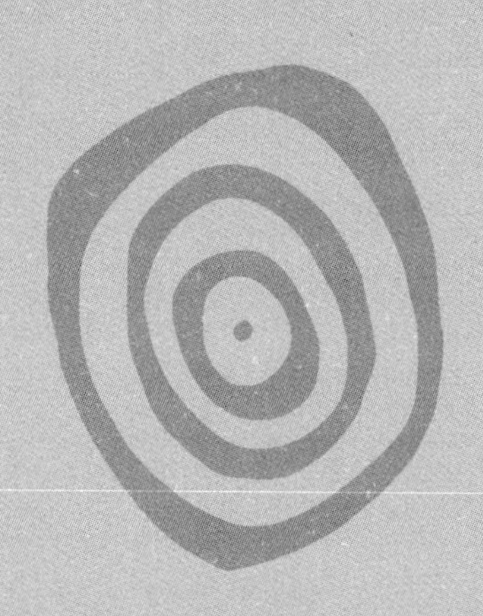

# 14

—

# 가명

42 로베르트 발저의 작품은 크게 네 시기로 분류된다. 첫째는 1898년부터 1905년까지 습작활동을 하던 초기이다. 이 시기의 작품들은 주로 『프리츠 코허의 작문들Fritz Kochers Aufsätze』로 묶여 출판되었다. 둘째는 1905년부터 1913년에 이르는 베를린 시기로 대표작들이 많이 생산되었던 시기이다. 대표작으로 『탄너일가 남매Geschwister Tanner』, 『조수Der Gehülfe』, 『야콥 폰 군텐Jakob von Gunten』이 있다. 셋째는 발저가 1913년에서 1921년까지 귀향하여 스위스 시골 빌Biel에 머물렀던 시기이다. 넷째 시기가 바로 베른과 발다우 시기로, 베른으로 거처를 옮긴 1921년부터 1933년 발다우 정신병원에서 절필할 때까지를 말한다. 베른의 국립 서고에서 사서로 일하던 그는 1929년부터 환각과 공포증이 심해져 발다우 정신병원에 입원한 뒤 1933년 헤리자우 요양원으로 옮겨지면서 작품활동을 중단하게 된다. 그는 이 베른과 발다우 시기에 소위 미크로그람Mikrogramm이라고 불리는 아주 미세하고 알아보기 힘든 글씨로 작품을 써내려갔다. 이 시기에 쓰인 방대한 양의 수기들은 신문문예란이나 여타 잡지 등에 발표되거나 책으로 묶인 것도 있지만 대부분은 미출간 상태로 남아있었는데 현재 필적 해독과 편집 작업이 끝나 주어캄프 출판사에서 여섯 권으로 출간되어 있다.

모든 찬양이 언어에 대한 찬양이듯이 모든 통곡은 언제나 언어에 대한 통곡이다. 통곡과 찬양은 인간 언어의 영역과 능력, 인간 언어가 사물들과 관계하는 방식을 규정하는 양 극단에 해당한다. 통곡은 자연이 의미에 의해서 배반을 당했다고 느낄 때 터져 나온다. 반면 이름이 사물을 완전히 말하면 언어는 찬가로, 즉 이름의 성화(聖化)로 정점에 오른다. 로베르트 발저의 언어는 이 두 가지를 모두 무시하는 듯하다. 발저의 글쓰기는 존재신학적인 파토스(말해질 수 없음의 형식과 -이와 등가적인- 완전히 말해질 수 있음의 형식에서 모두)에 이질적인 것으로 남아있으며 "겸손한 애매성"과 매너리즘적인 전형성 사이에서 미묘한 균형을 유지한다. (여기에서도 스카르다넬리의 의례화된 언어는 베른과 발다우에서 탄생한 산문소품들[42]을 한 세기 먼저 예고하는 전조이다.)

가령 서구에서 언어가 신의 이름을 배출하고 그 이름 안에 자신의 지시능력을 정립하는 기계로 사용되어 왔다면, 발저의 언어는 자신의 신학적인 과업보다 더 오래 살아남았다. 자기 피

43 발저는 1927년 어느 편지에서 "나는 내 작은 산문 작품들을 완전히 소진될 때까지 춤을 추다가 피로로 쓰러지는 작은 무희들에 비견하는 것이 좋다."라고 말한 바 있다.

44 목적이나 의도를 나타내는 분사형태. 대표적으로 라틴어에서 종종 쓰인다.

45 'supinum'은 '등을 대고 누워있는', '게으른'을 뜻하는 라틴 형용사 'supinus'의 단수 중성 주격 또는 목적격 또는 호격, 또는 단수 남성 목적격 형태다.



조물의 운명을 모조리 소진해 버린 자연에 대적하는 것은 명명의 시늉조차 거부하는 언어이다. 발저 산문의 의미론적 지위는 가명이나 별명의 그것과 같다. 그것은 마치 모든 단어에 보이지 않는 "이른바", "가칭", "소위"란 말들이 앞에 붙거나 (별명[agnomen]의 등장이 로마의 삼명체계에서 중세의 일명체계로의 이행을 보여주는 후기 비문들에서처럼) "또한 ~라고 불렸다*qui et vocatur*…"가 뒤에 따라붙는 것 같으며 이것은 흡사 모든 단어들이 자기 자신의 명명능력에 이의라도 제기하는 것 같다. 발저가 자신의 산문에 비유한 작은 무희들처럼[43] 단어들은 "죽을 만큼 피로하여" 꼿꼿이 서 있으라는 어떤 요구도 거부한다. 만일 완전히 소진된 언어의 상태에 상응하는 문법 형태가 있다면 그것은 목적 분사[supinum][44] 형태일 것이다. 그 형태는 격과 시제의 "굴절[declinazione]"을 다 겪고 이제는 "뻗어서"[45] 노정되어 있으며 중성 형태이다.

언어에 대한 소시민적 불신이 여기에서는 언어가 자신의 지시대상에 대해 갖는 수줍음으로 변형되어 있다. 이 지시대상은

46 막스 뤼히너Max Rychner(1897~1965): 스위스 출신의 저널리스트로 당대 영향력 있는 문학평론가로 활동했다. 로베르트 발저의 작품을 높이 평가했고 출판에 앞장섰다.



더 이상 의미에 의해서 배반당한 자연도 아니며 자연의 이름으로의 변신도 아니다. 그것은 오히려 -발화되지 않은 채- 가명이나 이름과 별명 사이의 아죠에 머문다. 발저는 막스 뤼히너[46]에게 보낸 편지에서 "절대적으로 발화되지 않는 어떤 것들이 주는 매혹"에 대해 말한다. 형상[Figura], 그것은 사도 바울의 서한에서, 불멸의 자연에 직면하여 사멸하는 것을 표현하는 용어로서 이 간극에서 태어난 생명에 발저가 부여한 이름이다.

15

—

# 계급 없이

만일 우리가 인류의 운명을 다시 한 번 계급의 개념으로 사유하고자 한다면 오늘날에는 더 이상 사회 계급이 존재하지 않으며 단지 모든 사회 계급이 용해되어 있는 단일한 행성적인[planetaria] 소시민 계급만이 존재한다는 사실을 인정해야 할 것이다. 그 소시민 계급은 이 세계의 상속자이고 인류가 허무주의를 이기고 살아남은 형태이다.

파시즘과 나치즘은 바로 이런 점을 파악하고 있었다. 이렇게 구 사회적 주체의 돌이킬 수 없는 몰락을 아주 명료하게 통찰하고 있었다는 점이 파시즘과 나치즘이 지닌 부인할 수 없는 현대성의 증거이다. (엄밀한 정치적인 시각에서 바라보면 파시즘과 나치즘은 극복된 것이 아니며 우리는 여전히 그 영향하에서 살고 있다.) 물론 파시즘과 나치즘은 시민적 위대함에 대한 망상으로 움직이는 잘못된 민중적 정체성에 여전히 사로잡힌 국민국가적 소시민계급을 대표했다. 반면 행성적인 소시민계층은 그러한 망상과는 일찍이 결별하고 식별가능한 어떤 사회적 정체성도 거부하는 프롤레타리아적 태도를 전유하고 있다. 소시민계급은 존재하는 모든 것을, 자신이 그것을 완고히 고수하는 것 같았을 때 보였던 바로 그와 같은 몸짓으로 폐기하고 있다. 그 계급은 오직 비고유한 것과 비진정한 것만을 알고 있으며 심지어는 자신에 고유할 수도 있었을 담화의 이념도 거부한다. 이 지구에 차례로 거주했던 민중들과 세대들에게 참과 거짓을 구성했던 것 -언어상의 차이, 방언상의 차이, 생활방식과 성격상의 차이, 관습상의 차이, 심지어는 개별 인간의 신체적 특징까지도- 그러한 것이 소시민 계급에 있어서는 어떤 의미도, 어떤 표현과 소통상의 가치도 갖지 않는다. 세계사의 희비극을 특징지었던 그 다양성은 소시민 계급 안에서 한데 모아져 판타스마고리아적인 공허함 속에 노정된다.

하지만 개인적 실존의 부조리함은 허무주의라는 지하층에서 상속받은 것인데 그 사이에 너무나도 무의미해져서 모든 파토스를 상실하였고 지상으로 나오자마자 매일의 볼거리로 변형되었다. 이러한 신인류의 삶을 닮은 것 중에서 광고상품의 모든 흔적이 지워져 버린 광고영상만 한 것도 없을 것이다. 소시민 계급의 모순은 그 광고에서 자신을 기만하는 그 상품을 아직도 찾고 있다는 데 있으며 실제로는 전혀 고유하지도 않고 중요하지도 않은 정체성을 승산이 없어 보이는데도 자기 것으로 만들겠다고 고집한다는 데 있다. 수줍음과 무모함, 대세순응적 성격과 주변적 성격이 소시민의 감정 목록에서 양극을 지킨다.

주지해야 할 사실은 소시민적 실존의 무의미함이 모든 광고도 그 앞에서는 실패하고 마는 궁극적인 무의미함, 즉 죽음과 충돌한다는 것이다. 소시민은 죽음 속에서 개체성의 궁극적인 박탈, 개체성의 좌절에 직면한다. 그것은 완전히 벌거벗은 삶이며, 순수하게 소통불가한 것으로서 소시민의 수치스러움이 마침내 편히 잠들 수 있는 그런 곳이다. 소시민들은 이런 방식으로 자신들의 비밀을 덮기 위해 죽음을 이용한다. 그러나 그 비밀은 그들이 곧 고백해야 하는 것인데 그것은 완전히 벌거벗은 삶조차도 그들에게는 진실로는 비고유한 것이며 순수하게 외부적인 것이라는 점, 그들에게 이 지상에서 살 곳은 없다는 점이다.

이것은 인류가 자신의 멸망으로 치닫고 있을 때 아마도 행성적인 소시민 계급의 형상을 하고 있다는 것을 의미한다. 하지만 이는 또한 소시민 계급이 어떤 대가를 치르고서도 놓쳐서는 안 될 인류역사상 전대미문의 기회를 나타낸다는 말이기도 하다. 만일 인간들이 이미 비고유하고 무의미한 개체성의 형상에서 고유한 정체성을 계속 찾는 대신 그러한 것으로서 이러한 비고유성에 귀속되는 데 성공한다면, 또한 고유한 이렇게 존재함을 어떤 정체성과 개별 속성이 아니라 정체성 없는 특이성, 어떤 공통적인, 전적으로 노정된 특이성이라 가정하는 데 성공한다면, 만일 인간들이 이런저런 개별적 생의 기록 속에서 그렇게 존재하는 것이 아니라 유일한 **그** 이렇게로 존재하며, 자신들의 특이한 외부성과 자신들의 얼굴로 존재할 수 있다면, 인류는 최초로 주체도 전제도 없는 공동체에 들어서게 되며, 소통될 수 없는 것이라곤 아무것도 없는 어떤 소통으로 들어서게 될 것이다.

신 행성적 인류의 특징들 중에서 그들의 생존을 가능하게 했던 것을 꼽아볼 것, 사악한 미디어적 홍보성을, 스스로만을 전달하는 완전한 외부성과 분리하는 얇은 가림벽을 제거할 것, 이것이 우리 세대의 정치적 과업을 이룬다.

# 16

—

# 외부

임의적인 것은 순수한 특이성의 형상이다. 임의적 특이성은 어떤 정체성을 지닌 것도 아니며 개념적으로도 규정되지 않는다. 그렇다고 해서 임의적 특이성이 단순히 무규정 상태라는 것도 아니다. 오히려 그것은 오로지 자기 자신이 어떤 **이념**, 즉 자신의 가능성들의 총체와 맺는 관계를 통해서만 규정된다. 이러한 관계를 통해서 특이성은 칸트가 표현하듯, 모든 가능성과 맞닿아 있으며 이로써 완전한 규정성*omnimoda determinatio*을 얻는다. 이는 특정한 개념이나 실제 속성(붉다, 이탈리아인이다, 공산주의자이다)에 관여함으로써가 아니라 **오로지 이러한 맞닿음을 통해서** 이루어진다. 특이성은 전체에 속하지만 이때 그 귀속성은 어떤 실제 조건으로 대표될 수 있는 것이 아니다. 다시 말해 귀속성, '**그렇게 존재함**'은 텅 빈 무규정 상태인 총체성과의 관계일 뿐이다.

이는 칸트의 용어로 말하자면 이 맞닿음에서 문제가 되는 것은 어떤 외부성도 알지 못하는 경계(*Schranke*)가 아니라 한계(*Grenze*) 즉, 항상 비어 있어야 하는 외부 공간과의 접점인 것이다.

고로 임의적인 것이 특이성에 추가로 부가하는 것은 텅 빔, 어떤 한계일 뿐이다. 임의적인 것은 빈 공간에 부가된 특이성이며 개념적으로는 완전히 규정될 수는 없지만 **유한한** 특이성이다. 하지만 이런 빈 공간에 부가된 특이성은 순수한 외부성에 지나지 않으며, 한갓 노정될 뿐이다. **임의적인 것은 이런 점에서 외부의 발생이다.** 고로 원초월적인 쿼드리벳*quodlibet*에서 사유되고 있는 것은 가장 사유되기 어려운 것이다. 그것은 어떤 순수한 외부성의 전적으로 비사물적인 경험이다.

여기에서 중요한 점은 상당수의 유럽어에서 '외부'에 대한 생각을 '문에서'라는 의미를 가진 단어로 표현한다는 점이다. (포레스*fores*는 라틴어로 집의 문을 가리키고, 그리스어 티라텐*thyrathen*은 말 그대로 '문지방 위에서'라는 뜻이다.) **외부**는 규정된 공간 너머에 있는 어떤 공간이 아니라, 통로, 즉 규정된 공간으로 하여금 접근을 가능하게 하는 외부성이자, 한마디로 말하면 그 공간의 얼굴, 그것의 형상*eidos*이다. 이런 의미에서 한계는 경계와 다른 것이 아니다. 말하자면 한계는 경계의 경험 자체, 즉 어떤 **외부**의 **내부에** 있는 경험이다. 이러한 탈자태*Ek-stasis*는 인류의 빈손으로부터 특이성이 받은 선물이다.

# 17

—

# 동명이의

1902년 6월 어느 나이 서른의 영국의 논리학자는 고트로프 프레게에게 짧은 서한을 보내 그의 저서 『산수의 기초Die Grundlagen der Arithmetik』의 명제에서 칸토르의 집합론이 수학자들에게 선사했던 낙원의 기반을 뒤흔드는 모순 하나를 발견했다고 알린다.

프레게는 평상시의 예리한 감각으로 청년 러셀의 편지가 무엇을 문제 삼는지 금방 알아차렸고 마음이 편치 않았다. 훗날 러셀은 이렇게 설명했다. "우리가 특정한 대상들은 특정한 속성을 갖는다고 말한다면 이 속성은 특정한 대상이며 그 속성에 속하는 대상들과는 구분될 수 있어야 한다고 전제하는 것이다. 나아가 우리는 문제의 그 속성을 갖는 대상들이 집합을 형성하며 이 집합은 어떤 식으로 보면 자신에 포함된 각각의 원소들과는 구분되는 새로운 개체라고 전제하는 것이다." 바로 이렇게 명시되지는 않았으나 당연시되던 전제들은 "자기 자신을 포함하지 않는 모든 집합들의 집합"이라는 역설에 의해서 그 타당성이 흔들리게 된 것이다. 그 역설이 오늘날에는 사교모임의 여흥

**47** 다비드 힐베르트David Hilbert(1862~1943): 독일의 수학자.
**48** 마르쿠스 헤르츠Markus Herz(1747~1803): 독일 계몽주의 철학자이자 의사. 칸트의 애제자 중 한 명이었다고 한다.



거리가 되었지만 당시에는 프레게의 지적 생산에 장기간 장애가 되었고 그 역설을 발견한 자는 그 역설의 후유증을 제한할 수 있을 온갖 방법을 강구하느라 수년을 소요해야 했을 정도로 심각한 것이었음에는 틀림없다. 다비드 힐베르트[47]의 끈질긴 경고에도 불구하고 논리학자들은 자신들의 낙원에서 영원히 추방된 것이다.

프레게가 예감했고 오늘날 우리가 훨씬 분명히 보게 되었듯이 집합론의 역설은 실상은 칸트가 이미 1772년 2월 21일 마르쿠스 헤르츠[48]에게 보낸 서한에서 정식화한 문제와 같은 것이다. 그것은 "우리의 표상이 대상을 무슨 근거로 지시할 수 있는가?"의 문제이다. '붉다'라는 개념이 붉은 대상을 지칭한다고 말하는 것은 무슨 의미인가? 또한 모든 개념은 자신의 외연을 규정하는 집합을 형성한다는 것이 참인가? 또한 어떤 개념에 대해서 그 개념의 외연과 관계를 맺지 않고 말하는 것이 어떻게 가능한가? 러셀의 역설이 수면 위로 부상시킨 것은 어떤 집합을 규정하는 (또는 아니 차라리 모순을 일으키지 않고서는 아무런 집합도 규정할 수 없는) 속성들이나 개념들의 (그가 비술어라 불렀던) 존재다. 러셀은 이런 속성들(그리고 그 속성에서 도출된 사이비-집합들)을 "모든", "각각의" "어떤"과 같은 개념으로 형성되는 "속박 변항들"로 정의되는 속성들과 동일하게 놓는다. 이런 표현들에서 나온 집합들은 자신이 자신에 의해 정의되는 전체성의 일부인 양 주장하는 (마치 자기 자신의 외연의 일부인 양 주장하는 개념처럼) "부적격 전체성"들이다. 이러한 집합들에 반대하여 논리학자들은 (그들의 경고 또한 이러한 변항들을 포함할 수밖에 없다는 사실은 의식하지 않은 채) 계속해서 더 많은 금지조항들을 반포했고 장벽을 세웠다. 그 금지조항들은 이런 것들이다. "집합의 모든 원소들을 포함하는 것은 어떤 것이든 그 원소들 중 하나여서는 안 된다." "집합의 모든 또는 각각의 원소와 어떤 식으로든 관련되는 모든 것은 그 집합의 원소여서는 안 된다." "어떤 표현이 속박 변항을 포함하고 있다면 그 표현은 그 변항의 가능가일 수 없다."

하지만 논리학자들에게는 불행하게도 비술어적인 표현들은

생각했던 것보다 훨씬 그 수가 많다. 실제로 모든 용어가 정의상 자기 외연의 모든 혹은 어떤 원소를 지시하고 심지어는 자기 자신을 지시할 수 있기 때문에 모든 (혹은 거의 모든) 단어들이 역설의 공식화에 따라 자기 자신이면서도 동시에 자기 자신이 아닌 집합으로 제시될 수 있다.

더욱이 "신발"이라는 명칭을 어떤 한 신발로 간주하지 않는다는 반론도 이런 상황에서는 별로 소용이 없다. 이렇게 자기지시성을 불충분하게 이해해 버리면 문제의 요지를 파악하는 데 방해가 된다. 즉 여기서 중요한 것은 음성적 혹은 문자적 형상 속에 있는 "신발"이란 단어(중세 논리학자들이 말하는 물질적 지칭*suppositio materialis*)가 아니라 신발을 의미화한 "신발"이란 단어(혹은 대상으로부터*a parte objecti*, "신발"이란 단어에 의해 의미화된 자신의 존재 속 신발)이다. 우리가 하나의 신발을 "신발"이란 단어와 완전히 구분할 수 있다고 해도 신발을 (신발)이라 불리는 그 존재, 신발의 언어 속 존재와 구분하는 것은 훨씬 더 어려운 일이다. 불리는 존재 또는 **언어 속 존재**는 한 집합의 개별 원소에 속하면서도 동시에 그 귀속을 아포리아로 만드는 대표적인 비술어적 속성이다. 이것은 프레게가 일찍이 "말(馬)'이란 개념은 개념이 아니다"(그리고 밀너가 최근 저서에서 "언어적 명명에는 고유 명사가 없다"라고 표현했던 것)라고 글에서 언급했던 역설의 내용이기도 하다. 다르게 말하면 우리가 개념을 그러한 것으로 파악하고자 한다면 그것은 하나의 대상으로 불가피하게 변형될 수밖에 없고 그러면 우리는 그 대상을 표상한 것과 더 이상 구분할 수 없다는 사실을 감수해야 한다.

지향대상이 되지 않고서 지향될 수 없는 이러한 지향성의 아포리아는 중세 논리학자들에게 "인지적 존재"의 역설로 잘 알려져 있었다. 마이스터 에크하르트[49]에 따르면 "사물이 드러나고 인지되는 것을 도와주는 형상(*species*) 또는 그림이 사물 그 자체와 달랐다면 우리는 이 형상이나 그림을 통해서 또 이 형상이나 그림 안에서 사물을 인지할 수 없었을 것이다. 하지만 이 형상이나 그림이 사물과 어떤 식으로든 구분이 되지 않았더라면, 그 형상이나 그림은 인식에 있어서 아무런 쓸모도 없을

**49** 마이스터 에크하르트Meister Eckhart(1260경-1327): 중세 독일의 신비주의 사상가.

것이다. 〔…〕 영혼에 있는 형상이 대상의 성격을 띠었더라면 우리는 그 형상을 통해서 사물을 인식할 수 없었을 것이다. 그 이유는 그 형상 자체가 사물이었다면 그 형상은 자기 자신에 대한 인식으로 인도할 뿐, 사물에 대한 인식에는 오히려 방해가 되었을 것이기 때문이다. (우리가 관심을 갖는 개념으로 다시 말해보자면 사물이 표현되는 수단인 단어는 사물 자체와 다르든 같든 사물을 표현할 수 없다는 것이다.)

유형 간의 위계(러셀이 젊은 비트겐슈타인에게 제안하여 그를 상당 기간 혼란스럽게 만들었던 것처럼)가 아니라 오직 이념〔idee〕의 이론만이 사유를 언어적 존재의 아포리아에서 해방시킬 수 있다. (또는 차라리 그 아포리아를 오이포리아〔황홀경〕로 바꿔놓을 수 있다.) 이 점에 대해서 아리스토텔레스는 플라톤의 이데아와 다수의 현상들 간의 관계를 특징지었을 때 지극히 명료하게 표현한 바 있다. 이 단락은 『형이상학』의 현대판에서는 그 실제 의미가 누락되어 있지만 좀 더 권위 있는 사본에는 이렇게 적혀있다. "동명동의어들이 참여하는 바에 따라서 동명

50 아리스토텔레스는 『범주들』에서 '동어동의(同語同義)'의 개념을 "이름을 같이 갖고 그 이름에 따르는 〔있음의〕 뜻도 같은 것들"로 규정한다. (아리스토텔레스, 『범주들·명제에 관하여』, 김진성 역주, 이제이북스 2008, 26면 참조.) 역자의 역주에 따르면 여기에서 희랍어 'synōnyma'는 현대적 의미에서의 '동의어'라는 뜻이라기보다는 "같은 낱말이 같은 뜻으로 여러 대상에 적용되는 경우"를 말한다. '동물'이란 낱말이 '사람'이나 '소'라는 서로 다른 대상에 적용되는 경우처럼 말이다. 참고로 『범주들·명제에 관하여』의 역자는 'synōnymon'를 '한 이름 한 뜻인 것'으로 'homōnymon'를 '한 이름 다른 뜻인 것'로 옮기고 있다. 여기에는 '이름'을 강조하는 아감벤의 문맥을 고려하여 각각 '동명동의', '동명이의'로 옮겨보았다.



동의어의 다수성은 이데아에 대해 동명이의적이다."(『형이상학』, 987b 10)

아리스토텔레스에게 동명동의어들은 동일한 이름과 동일한 정의를 가진 개체들이다.[50] 이는 다시 말해서 그것들이 하나의 일관된 집합의 원소들인 한에서, 즉 그것들이 어떤 공통된 개념에 참여함으로써 하나의 집합에 속하는 한에서 그것들은 현상들이다. 하지만 서로 동명동의관계에 있는 동일한 현상들은 이념에 대해서는 동명이의의 관계에 있게 된다. (아리스토텔레스에 따르면 동명이의어들은 동일한 이름을 가졌으나 상이한 정의를 가진 대상들을 말한다.) 따라서 각각의 말(馬)들은 말(馬)이란 개념에 대해서는 동명동의어들이지만 말(馬)의 이념에 대해서는 동명이의어들이다. 이것은 바로 러셀의 역설에서 동일한 대상이 한 집합에 속하면서 속하지 않는 것과 같다.

하지만 다수의 동명동의어의 동명이의성을 구성하는 이념[idee]이란 무엇인가? 모든 집합에서 고집스럽게 살아남으면서, 집합의 원소들을 술어적 귀속으로부터 해방시켜 그 원소들을 단순히 동명동의어로 만들어 버리고 그것들이 언어 속에 한갓 거주하고 있음을 드러내 버리는 저 이념이란 무엇인가? 동명동의어를 동명이의적으로 만드는 것은 대상도 개념도 아니라 자신이 이름을 가졌다는 것, 자신의 고유한 귀속 자체, 또는 자신의 언어 속 존재다. 이것은 그의 입장에서는 불릴 수도 보일 수도 없으며 오직 대용어〔代用語, anaphora〕적 운동으로만 포착될 수 있을 것이다. 따라서 그 원칙-거의 다루어지지 않았지만 결정적인-에 따르면 이념은 고유명을 갖지 않으며 오직 대용어를 통해서만 스스로*autò* 표현된다. 사물의 이념은 고로 사물 **그 자체**이다. 이러한 무명의 동명이의는 이념이다.

하지만 바로 이런 이유에서 이념은 동명이의어를 임의적인 것으로 구성한다. **특이성은 개념에(만) 관계하는 것이 아니라 이념에(도) 관계하는 한에서 임의적이다.** 이 관계는 새로운 집합을 구성하는 것은 아니지만 각각의 집합에서 특이성을 동명동의적 관계로부터, 집합에의 귀속성으로부터 분리시켜 어떤 이름이나 귀속의 단순한 부재가 아니라 이름 그 자체, 순수한 무명의 동명이의성을 향하게 한다. 개념들의 그물망이 동명동의의 관계를 계속해서 도입하는 반면, 이념은 이 관계들에 그것들의 비정합성을 보여줌으로써 절대성의 가장을 뒤흔들기 위해 이 관계들 속에 매번 개입하는 것이다. 따라서 **임의적인 것**은 단순히 (알랭 바디우의 말로 표현하자면) "언어의 권위에서 공제되어 어떤 이름가도 갖지 않는 식별불가능한" 그런 것을 의미하지 않는다. 그것은 더 정확하게 말하면 어떤 단순한 동명이의적 관계 속에 있는 것으로서, 순수하게 불린다는 것이고, 오직 바로 그 이유로 인해 이름 붙일 수 없는 그런 것을 의미한다. 그것은 비언어적인 것의 언어 속 존재다.

이로써 무명으로 남는 것은 명명된 존재, 이름 그 자체이다. (이름 붙일 수 없는 이름*nomen innominabile*.) 언어 속 존재는 언어의 권위에서 공제된다. 아직도 이해하려면 갈 길이 먼 플라톤의 동어반복에 따르면 사물의 이데아는 사물 그 자체이고 **이름은 그것이 사물을 명명하는 한, 사물이 이름에 의해 명명되는 한, 사물에 다름 아니다.**

# 18

—

# 세키나

기 드보르가 1967년 11월 『스펙터클의 사회』를 발표했을 때만 해도 정치 및 제반 사회적 삶의 스펙터클한 판타스마고리아로의 변신이 오늘날 완전히 친숙해져 버린 그런 극단적인 형태에 이르렀던 것은 아니었다. 이런 점에서 드보르의 진단이 보여주는 가차 없는 명쾌한 성격은 더욱 주목할 만하다.

가장 궁극적인 형태에 이른 자본주의는 -드보르는 당시에는 어리석게도 무시되었던 상품의 물신적 성격에 대한 마르크스의 분석을 극단화하면서 주장하기를- 직접적으로 체험된 모든 것들이 재현으로 밀려나는 스펙터클의 막대한 축적으로 나타난다. 하지만 스펙터클이 단순히 이미지들의 영역이나 우리가 오늘날 미디어라 부르는 것과 일치하는 것은 아니다. 오히려 그것은 "이미지들로 매개된 사람들 사이의 사회적 관계"이며 인간적인 사회성의 박탈이자 소외 그 자체이다. 아니 더 간단히 정식화해보자면 스펙터클은, 그 자체가 이미지가 될 정도로 축적된 자본이다. 바로 이런 이유에서 스펙터클은 분리의 가장 순수한 형태에 다름 아니다. 현실 세계가 이미지로 변해 있고 또 이미지가 현실이 될 때 인간의 실제적 능력은 자기 자신과 분리되어 독자적 세계로 나타난다. 이렇게 미디어에 의해 분리되고 조작되며, 국가의 형식과 경제의 형식이 뒤얽힌 세계에서 시장경제는 전 사회적 삶에 대해서 절대적이면서도 무책임한 주권의 지위를 획득한다. 스펙터클은 이렇게 생산 전체를 전도하였고 이제는 집단적 지각을 조작하고 집단적 기억과 사회적 의사소통을 통제할 수 있게 되었으며 이로써 모든 것들을, "현상하는 것은 선한 것이요, 선한 것은 현상하는 것이다"만을 말하는 스펙터클 자신을 제외하고는 모든 것이 문제시되는 유일한 스펙터클의 상품으로 변신시키는 데 성공한다.

오늘날 스펙터클이 완전한 승리를 구가하는 시대에 드보르의 유산에서 무엇을 취할 수 있을까? 분명한 것은 스펙터클이 곧 언어이며, 바로 소통가능성 자체 혹은 인간의 언어적 존재 그 자체라는 점이다. 이 말인즉슨 마르크스의 분석을, 자본주의(혹은 뭐라 부르든 간에 오늘날 세계사를 지배하는 이 과정)가 비단 생산활동의 박탈만을 목표로 하는 것이 아니라 바로 언어 자체의 소외, 바로 인간의 언어적이고 소통적인 본성의 소외, 헤라클레이토스의 단편에서 공통적인 것과 동일시되었던 저 로고스*logos*의 소외를 노리고 있다는 사실로 보완해야 한다는 뜻이다. 이 공통적인 것의 박탈의 극단적 형태가 바로 스펙터클이며, 이것이 곧 우리가 현재 살고 있는 정치 형태이다. 하지만 이는 또한 우리의 고유한 언어적 본성이 스펙터클 속에서 전도된 채로 우리에게 돌아온다는 말이기도 하다. 이 점은 스펙터클의 폭력이 왜 그렇게 (정확히 말하면 박탈된다는 것이 공공재/공공선을 가질 수 있는 가능성 그 자체가 되기 때문에) 파괴적인지 말해준다. 하지만 바로 이 점이 스펙터클이 자기 자신에 대항할 수 있는 어떤 긍정적인 가능성 같은 것을 보유하는 이유이기도 하다.

이러한 조건은 카발라주의자들이 "셰키나의 고립"이라 부르는 것이자, 탈무드에 실린 어느 잘 알려진 하가다*aggada* 전설에 따르면 파르데스[Pardes](즉 최고의 인식)에 들어갔던 네 명의 랍비 중 한 명인 아헬Aher에게서 비롯되었다고 믿는 죄와 아주 비슷한 것이다. 그 이야기에 따르면 "네 명의 랍비가 천국에 들어갔다. 그들은 벤 아자이Ben Azzai, 벤 조마Ben Zoma, 아헬Aher, 랍비 아키바Rabbi Akiba였다. … 벤 아자이는 〔그것을〕 한 번 흘낏 보고는 죽었다. 벤 조마는 〔그것을〕 바라보았고 실성했다. … 아헬은 작은 나뭇가지 하나를 잘라냈다. … 랍비 아키바만이 무사히 빠져나왔다."

세키나는 열 가지 세피로트[Sephiroth] 혹은 신성의 속성[Attributo] 가운데 마지막 속성으로 신성의 임재 자체이자 이 지상에서의 현현 또는 거주를 표현하는 것이다. 그것은 신의 "말씀"이다. 카발라주의자들은 아헬이 행한 "나뭇가지 절단"을 아담의 죄와 동일시한다. 아담은 모든 세피로트를 관조하는 대신에 마지막 세피로트의 관조만을 중시했고 그것을 나머지 다른 것들에서 고립시킴으로써 인식의 나무〔선악과〕를 생명의 나무와 분리시켰다. 아헬 역시 인간 자신의 운명과 고유한 능력을 인식하면서 신이 현현하는 가장 완전한 형식에 다름 아닌 말과 인식을 신이 계시되는 여타의 세피로트에서 분리시켰다는 점에서 아담처럼 인류를 대변한다. **문제는 말이 -즉, 무언가의 비은폐이자 계시인- 자신이 계시하는 것으로부터 분리되어 독립적으로 존재할 위험이 생겼다는 것이다.** 계시되고 현현된 (고로 공통적이고 공유가능한) 존재는 계시된 것으로부터 분리되었으며 계시된 것과 인간 사이에 들어서게 되었다. 이러한 망명의 조건 속에서 셰키나는 자신의 긍정적인 역량을 잃어버렸으며 해로운 것(카발라주의자들은 그것이 "악의 젖을 빨았다"라고 말한다)이 되고 말았다.

이런 뜻에서 셰키나의 고립은 우리 시대의 조건을 표현해 준다. 구체제에서는 인간의 소통적 본질의 소외가 공통의 토대로서 기능하는 전제의 형식을 띠었다면, 스펙터클의 사회에서는 자율적인 영역으로 고립되어 있는 것이 바로 소통가능성 그 자체, 종적 본질 (즉 언어) 그 자체라는 것이다. 소통을 가로막는 것은 소통가능성 그 자체이다. 인간들은 자신들을 묶어주던 것에 의해 분리되고 말았다. 언론인들과 언론전문가들은 인간의 언어적 본성으로부터의 소외를 설파하는 새로운 사제들이다.

실제로 스펙터클의 사회에서 셰키나의 고립은 궁극적인 단계에 이르렀다. 그 단계에서 언어는 자율적인 영역으로 성립될 뿐만 아니라 심지어는 더 이상 아무것도 계시하지 못하며, 아니 모든 것의 무만을 계시한다는 편이 맞을 것이다. 신도 세계도 계시되는 그 어떤 것도 언어 속에 있지 않다. 하지만 언어(인간의 언어적 본성)는 바로 이러한 극단적이고 무효화하는 폭로 속에서 다시 한 번 은폐되고 분리된 채로 남아 있으며 그렇기 때문에 언어는 마지막으로 단 한 번, 그 말해지지 않은 힘으로, 인간으로 하여금 어떤 역사적 시대와 어떤 국가를 맞이하게 한다. 그것은 스펙터클의 시대 혹은 허무주의가 완성된 시대이다. 이것이 오늘날 전 지구적으로 기존의 전제된 기반 위에서 성립된 모든 권력이 동요하고 있으며 지구상의 국가들이 하나씩, 국가 형태의 완성을 정초하는 스펙터클-민주주의적 지배체제로 항로를 잡아가고 있는 이유이다. 지구상의 국가들을 하나의 운명공동체로 몰아가는 것은 경제적 필요성이나 기술 발전보다도 오히려 언어적 존재로부터 소외되었다는 사실, 즉 모든 민족들이 그들의 언어 속 삶의 거처에서 축출되었다는 사실이다.

하지만 바로 이런 이유에서 우리가 살고 있는 시대는 인간이 최초로 자신의 언어적 본질을 경험할 수 있는 시대가 된다. 언어의 이런저런 내용이 아니라 언어 **자체**, 이런저런 진리의 진술이 아니라 언어를 말한다는 바로 그 사실을 말이다. 우리 시대의 정치는 전 지구상에서 전통과 믿음, 이데올로기와 종교, 정체성과 공동체를 부수고 비우는 파괴적인 언어 경험/실험 *experimentum linguae*이다.

오직 이 언어 경험/실험에서 계시하는 것을 그것이 계시한 무 속에 은폐된 채로 남아있게 두지 않고 언어 자체를 언어로 데려가는 것을 성공적으로 끝마치는 이들만이 전제도 없고 국가도 없는 공동체의 최초의 시민이 될 수 있을 것이다. 그곳은 공통적인 것의 무효화하면서도 규정하는 권력이 평정되고 셰키나가 그 자신의 고립이라는 악의 젖을 빨기를 이미 그만둔 곳일 것이다.

그들은 탈무드의 하가다에 나오는 랍비 아키바처럼 언어의 천국을 들어갔다가 무사히 나올 것이다.

# 19

—

# 톈안먼

**51** 1989년 톈안먼 광장의 반정부 시위.
**52** 후야오방胡耀邦(1915~1989): 중국 공산당 소속의 정치가. 1980년부터 중국 공산당 총서기를 지냈다. 그는 공산주의 체제 내에서의 자유주의 정책과 개혁 노선을 지지하였고 이 때문에 당내 강경파들의 비판을 받았다. 결국 1987년에 총서기직에서 실각하여 1989년 4월 사망하였고 그의 죽음을 추모하러 사람들이 모여들었던 것이 톈안먼 반정부 시위로 번졌다.

임의적 특이성의 정치, 즉 귀속의 조건(붉다, 이탈리아인이다, 공산주의자다)으로도 조건들의 한갓 부재(프랑스에서 얼마 전에 블랑쇼가 제안한 부정의 공동체의 경우처럼)로도 매개되지 않고 오직 귀속성 그 자체로만 매개되는 공동체에 속하는 존재의 정치란 어떤 것일 수 있을까? 베이징 발 사자(使者)가 이 문제에 답이 될 요소들을 전한다.

중국의 5월 시위[51]에서 가장 인상적이었던 점은 그들의 요구사항에서 확실한 내용이 상대적으로 거의 없다시피 했다는 점이다. (민주주의와 자유는 실제 투쟁 대상이 되기에 너무 일반적이고 광범위한 개념들이었고 유일하게 구체적인 요구였던 후야오방[52]의 복권은 즉각 수용되었다.) 이런 점에 비추어 보면 국가가 보인 폭력적인 반응은 더욱더 불가해해 보인다. 하지만 이런 반응은 겉보기에만 부적절해 보일 뿐 실상은 중국 지도부가 자신들의 관점에서 보았을 때, 민주주의와 공산주의 간의 대립에 대한 점점 말도 안 되는 새로운 논거들을 제시하는 데에만 정신이 팔려있던 서구의 관찰자들보다는 도리어 더 분명한 근거를 가지고 행동한 것이었다.

**도래하는 정치가 새로운 이유는 그것이 더 이상 국가의 정복이나 통제를 쟁취하는 투쟁이 아니라 국가와 비국가(인류) 사이의 투쟁이며 임의적 특이성과 국가 조직 사이의 극복될 수 없는 괴리가 될 것이기 때문이다.** 이는 최근 몇 년간의 시위에서 자주 표명되는, 사회적인 것을 국가와의 대립 속에서 단순히 긍정하는 그런 것과는 아무런 관련이 없다. 임의적 특이성들은 아무런 사회*societas*도 형성할 수 없다. 그 이유는 임의적 특이성들이 옹호해야 할 아무런 정체성도, 인정받아야 할 아무런 사회적 귀속도 갖고 있지 않기 때문이다. 국가는 결국에는 정체성에 대한 요구는 어떤 것이든 받아들일 수 있다. -심지어는 국가 안에 있는 어떤 국가 정체성에 대한 요구까지도 말이다. (최근의 국가와 테러리즘의 관계사가 이런 사실을 웅변적으로 보여준다.) 국가가 어떤 식으로든 용인할 수 없는 것은 특이성들이 어떤 정체성을 확언하지 않으면서 공동체를 형성하는 것이자 인간들이 어떤 재현/대표될 수 없는 귀속의 조건(그것이 아무리 가장 단순한 전제의 형식이라 해도) 없이도 함께 귀속된다는 것이다. 알랭 바디우가 보여주었듯 국가는 자신이 곧 그것의 표현인 사회적 결속을 기반으로 세워진 것이 아니라 오히려 자신이 금지하는 것인 해체, 해소를 기반으로 세워진 것이다. 따라서 국가에게 중요한 것은 결코 특이성 그 자체가 아니라 오직 그 특이성을 어떤 정체성 안에, 임의적 정체성(하지만 어떤 정체성으로 확정되지 않은 **임의성** 그 자체의 가능성은 국가가 대응할 수 없는 위협이 된다) 안에 포함시키는 문제이다.

대표/재현될 수 있는 아무런 정체성도 갖지 않는 존재가 있다면 그것은 국가와 완전히 무관할 것이다. 이것이 우리 문화에서 인간 생명의 신성함이라는 위선적 도그마와 공허한 인권 선언이 은폐하고자 하는 것이다. '신성한'이란 말은 로마법에서 쓰였던 의미로만 이해될 수 있다. 사케르*sacer*는 인간 세계에서 배제된 자이며 사람들은 그를 희생물로 바쳐서는 안 되지만 죽일 수 있었고 그것은 살인이 아니었다("neque fas est cum immolari, sed qui occidit parricidio non damnatur"). (이러한 관점에서 볼 때 유대인 학살을 두고 학살자들이나 그들의 판사들 모두 그것을 살인으로 생각하지 않았고 판사들은 도리어 유대인 학살을 인류에 대한 범죄라 평가했다는 사실, 또 승전국들은 이러한 정체성의 결여를 어떤 국가 정체성을 승인함으로써 보완하고자 했다는 사실, 그리고 이것은 또다시 새로운 학살을 불러왔다는 사실은 의미심장한 것이다.)

귀속성 자체, 자신의 언어 속 존재 자체를 전유하기 위해 모든 정체성과 모든 귀속의 조건을 거부하는 임의적 특이성은 국가의 주적이 된다. 이러한 특이성들이 자신의 공통적 존재를 평화롭게 시위하는 곳 어디에나 톈안먼은 발생할 것이며 머지않아 탱크는 등장할 것이다.

단상

# 만회불가능한 것

53 참고로 이 명제는 다음과 같다. “세계가 **어떻게** 있느냐가 신비스러운 것이 아니라, 세계가 있다는 것이 신비스러운 것이다.” (비트겐슈타인, 『논리-철학논고』, 이영철 옮김, 책세상, 2006, 115쪽)



## 안내

본 단상들은 하이데거의 『존재와 시간』의 제9절과 비트겐슈타인의 『논리-철학 논고』의 6.44번 명제[53]에 대한 주해로 읽힐 수 있다. 두 텍스트 모두 형이상학의 오랜 문제를 밝히려는 시도를 다룬다. 그 문제는 바로 본질과 실존, *quid est*와 *quod est* 사이의 관계이다. 본 단상들이 우리 시대가 존재론(제1철학)을 별달리 선호하지 않는다는 이유로 성급하게 옆으로 제쳐놓았던 그 관계를 여러모로 미흡하겠지만 끝까지 사유하는 데 기여할 수 있는가의 여부 및 그 수준은 누군가가 이 단상들을 이러한 맥락에 위치시킬 수 있다면 오직 가늠해볼 수 있을 것이다.

I

만회불가능하다는 것은 사물들이 이런저런 방식으로, 존재하는 대로 그렇게 존재하며 어떤 구제의 손길을 빌리지 않고 자기의 존재 방식에 맡겨져 있다는 것이다. 사물들의 상태는 그것들이 어떻든 간에, 슬프든, 행복하든, 끔찍하든, 복되든 간에 만회불가능하다. 당신이 어떻게 있는지, 세계가 어떻게 있는지 -이것이 바로 만회불가능한 것이다.

계시란 세계의 신성함의 계시가 아니라 세계의 만회불가능한 세속적 성격의 계시일 뿐이다. (이름은 언제나 전적으로 사물만을 이른다.) 계시는 세계를 세속화와 사물성에 맡긴다. 아니 이는 이미 일어난 일이 아니던가? 구원의 가능성은 오직 이 지점에서 시작된다. 구원이란 세계의 세속성을 구원하는 것, 세계의 이렇게 존재함을 구원하는 것이다.

(이것이 세계와 삶을 다시 한 번 성스럽게 만들고자 하는 이들이 세계의 세속화에 대해 절망하는 자들만큼이나 불경한 이유이다. 이것이 세속 세계와 신성 세계를 분명하게 구분하는 프로테스탄트 신학이 옳으면서도 그른 이유이다. 그것이 옳은 이

유는 세계가 계시에 의해서 (언어에 의해서) 돌이킬 수 없이 세속의 영역에 맡겨져 있기 때문이고 그것이 그른 이유는 세계가 세속적인 바로 그만큼 세계는 구원받을 것이기 때문이다.)

세계는 -그것이 절대적으로 만회불가능하게 세속적인 한에서- 신이다.

스피노자에 따르면 만회불가능한 것의 두 가지 형태, 신뢰〔securitas, 안전〕와 절망[desperatio]은 이런 관점에서 보면 동일한 것이다.(『에티카』 제3부, 정리 14, 15.) 본질적인 점은 회의할 이유가 모두 사라졌으며 사물들이 확실하고 최종적으로 그렇게 존재한다는 것이다. 이것이 기쁨을 불러오는지 슬픔을 불러오는지는 중요치 않다. 사물들의 상태에 관해서라면 천국은 지옥과 정반대의 징조를 보인다 해도 완전히 등가이다. (하지만 우리가 가령 절망 속에서 믿음을 느낄 수 있고 믿음 속에서 절망할 수 있다면 우리는 사물들의 상태에서 어떤 가장자리를, 그 안에 담겨 있을 수 없는 어떤 고성소를 감지할 수 있을 것이다.)

모든 순수한 기쁨과 슬픔의 근원은 세계가 존재하는 대로 존재한다는 것이다. 세계가 보이는 바와 다르거나 아니면 우리가 원하는 대로가 아니어서 생기는 기쁨과 슬픔은 비순수한 것이며 일시적인 것이다. 하지만 그러한 기쁨과 슬픔이 순수성의 최고도에 이르고 우리가 모든 회의와 희망의 정당한 사유가 사라져간다는 이유로 세계에 '**그렇다면 그래라**'라고 말한다면 이때의 슬픔과 기쁨은 부정적이거나 긍정적인 특성을 가리키는 것이 아니라 어떤 속성도 없는 순수한 **이렇게 존재함**을 가리킨다.

신이 세계 **속에서** 계시되지 않는다는 명제는 다음과 같은 진술로 표현될 수 있다. 고유한 의미에서 신성한 것은 세계가 신을 계시하지 않는다는 것이다. (고로 이는 『논고』의 "가장 쓰라린" 명제가 아니다.)

행복한 자와 불행한 자의 세계, 또 선한 자와 악한 자의 세계는 사물의 한결같은 상태를 지니고 있으며, 사물의 그렇게 존재함에 대해서 완전히 상동이다. 의로운 자가 다른 세계에 사는 것이 아니다. 구원받은 자와 저주받은 자는 똑같은 사지를 달고 있다. 하지만 영광스런 몸이 언젠가는 죽는 몸일 수는 없다. 변하는 것은 사물들이 아니라 사물들의 한계이다. 마치 사물들 위로 후광, 영광의 광채 같은 것이 맴도는 것 같다.

만회불가능한 것은 본질도 실존도 아니고 실체나 특성도 아니며 가능성도 필연성도 아니다. 그것은 기실 존재의 양태성이 아니라 언제나 이미 양태성 속에 주어진 존재, 즉 자신의 양태성들로 **존재하는** 존재이다. 그것은 **이렇게** 존재하는 것이 아니라 오히려 **자신의** '이렇게'로 존재한다.

## II



‘**이렇게**’[così]. 이 작은 단어의 의미를 파악하는 것보다 어려운 것은 없다. “고로 사물들은 이렇게 있다.” 하지만 우리는 동물들을 두고 동물들의 세계가 이러이러하다고[così-e-così] 말할 수 있을까? 아무리 우리가 동물들의 세계를 그들이 보는 대로 재현함으로써 그 세계를 정확하게 기술할 수 있다고 해도 (벌의 세계와 집게의 세계, 또 파리의 세계를 묘사하는 우익스퀼 책의 컬러 삽화처럼) 그 세계는 분명 그 ‘**이렇게**’라는 것을 갖고 있지 않았을 것이고 동물들에게 있어 **이렇게** 존재하지 않았을 것이다. 즉 세계는 만회불가능하지 않았을 것이다.

이렇게 존재함은 자신의 규정 혹은 특성조건이 ‘**이렇게**’로 표현하는 것의 실체가 아니다. 존재는 특성들의 앞 또는 뒤에 붙는 전제가 아니다. 그렇게 만회불가능하게 존재하는 존재는 자신의 ‘**이렇게**’**로 존재한다**. 그 존재는 자신의 존재양태에 다름 아니다. (‘이렇게’는 실존을 규정하는 본질이 아니다. 그것은 오히려 자신의 이렇게 존재함 속에서, 즉 자기 자신의 고유한 규정이 되는 것에서, 자신의 본질을 발견한다.)

**'이렇게'**는, 다르게는 안 된다는 것을 의미한다. (이 나뭇잎은 푸르다. 고로 붉지도 노랗지도 않다.) 하지만 모든 가능성, 모든 술어를 부정하는 이렇게 존재함, 즉 그저 존재하는 대로 '이렇게'이며 다르게는 아닌 그런 존재함을 떠올려 볼 수 있을까? 이것이야말로 부정신학을 이해하는 유일한 올바른 길이 될 것이다. 이것도 저것도 이렇게도 저렇게도 아닌, 바로 이렇게, 그것이 존재하는 대로, 그것의 모든 술어와 더불어 (모든 술어와 더불어는 술어가 아니다) 이렇게 말이다. **'다르게는 안 된다'**란 의미는 (본질의 차원에서는) 속성으로서의 개별 술어를 부정하지만 (실존적 차원에서는) 모든 술어를 비-속성, 부적당한 것들로 가정한다는 것을 의미한다.

(그런 존재는 순수하며, 특이하지만 전적으로 임의적인 실존이 될 것이다.)

**'이렇게'**라는 말은 대용어로서 그보다 앞에 나온 말을 다시 언급해 준다. (그 자체로는 아무런 의미가 없는) '이렇게'는 이와 같이 앞에 나온 말을 통해서만 자신의 고유한 지시대상을 식별한다.

하지만 여기에서 우리는 어떤 의미나 지시대상에 역으로 연결되지 않는 어떤 대용어를 떠올려 보아야 한다. 어떤 것도 전제하지 않으며 완전히 노정된 절대적인 '이렇게'를 말이다.

문법학자들에 따르면 대명사의 의미를 규정짓는 두 가지 특징이 있는데, 그것들은 직시[l'ostensione]와 관계[la relazione], 지시[la deissi, deixis]와 대용으로서 여기에서 근본적으로 다시 사유되어야 한다. 이 특징들을 이해해 온 양태는 존재론, 즉 제1철학을 그 시원부터 규정해왔다.

대명사에서 문제가 되는 순수한 존재(속성 없는 실체 *substantia sine qualitate*)는 언제나 전제 상정의 도식에 따라 이해되어 왔다. 직시, 즉 실제로 일어난 담화의 심급을 지시하는 언어의 수용력을 통해서 상정된 것은 언어가 말할 수는 없지만 보여줄 수는 있는 비언어적 요소의 직접적인 현존이다. (고로 보여준다는 것이 실존의 모델이자 명시적 의미, 아리스토텔레스의 '이것*tode ti*'의 모델을 제시하는 것은 바로 이런 이유에서

54 히포케이메논은 명제에서 술어의 바탕이 되는 주어를 말한다.
55 희랍어의 '우시아ousia'는 '있는 것'이란 말인데 이 '있는 것'을 무엇으로 보느냐에 따라서 철학적으로 개별적 실체를 뜻하기도 하고 초월적 실체를 뜻하기도 한다.



이다.) 대용, 즉 담화에서 이미 말해진 단어와 관련해서는 말해진 것을 나르는 주어로서의 언어(히포케이메논*hypokeimenon*[54])가 상정된다. (대용이 본질과 의미, 아리스토텔레스의 본질*ti hen einai*의 모델을 제시하는 것은 이런 이유에서이다.) 대명사는 지시*deixis*를 통해서 준거점이 없는 존재를 상정하고 대용을 통해서는 그 존재를 담화의 "주어"로 삼는다. 이렇게 대용은 직시를 상정하고 직시는 대용을 역으로 가리킨다. (지시*deixis*가 담화의 심급을 상정하는 한에서 말이다.) 양자는 서로를 함축한다. (이것이 우시아*ousia*가 가진 이중 의미의 기원이다.[55] 그것은 단일한 불가언적 개별자이면서 자신의 술어에 가정된 실체를 뜻한다.)

존재가 근원적으로 본질과 실존, 의미와 명시[la denotazione]로 분열되어 있다는 것은 대명사의 이중적 의미에서 그 용어들 간의 관계가 드러나지 않으면서 표현되고 있다. 여기서 상기해야 할 것은 바로 그 관계이다. 그것은 명시도 의미도 아니며 직시도 대용도 아니고 오히려 양자를 서로 함축하는 관계이다. 그것은 비언어적인 것도 순수한 직시의 무관계적인 대상도 아니고 그렇다고 그것이 명제 속에 말해진 것으로서 언어 속의 대상의 존재도 아니다. 오히려 그것은 비언어적인 것의 언어 속 존재, 즉 사물 그 자체이다. 그것은 어떤 존재의 상정이 아니라 노정이다.

실존과 본질, 명시와 의미 사이의 노정의 관계는 동일성(동일한 것, *idem*)의 관계가 아니라 즉자성(사물 자체, *ipsum*)의 관계이다. 철학에서는 이 둘을 구분하지 못해 많은 오해를 낳았다. 왜냐하면 철학의 본 문제는 동일성이 아니라 사물 **자체**이기 때문이다. 사물 그 자체는 사물이 스스로를 초월하여 향하는 다른 사물도 아니며, 그렇다고 단순히 그 동일한 것도 아니다. 여기서 그 사물이란 **스스로**를 향해, 자기가 존재하는 대로 존재하는 고유한 존재를 향해 초월한다.

그러한 대로[tale quale]. 이 경우 대용어 '그렇게[tale]'는 자기보다 앞에 나온 지시어(언어 이전의 실체)를 가리키는 것이 아니고, '~대로[quale]'는 '그렇게'에 의미를 부여하는 지시대상을 식별하는 데 쓰이지 않는다. '~대로'는 '그렇게'의 형태 외에는 다른 실존을 갖지 않으며, '그렇게'는 '~대로'의 형상 외에는 다른 본질을 갖지 않는다. '그렇게'와 '~대로'는 서로가 서로를 명시해주며 서로가 서로를 노정해준다. 실존하는 것은 '그렇게 존재함'이고, '그렇게'라는, 어떤 전제로도 회부되지 않는 절대적 특징이다. 그것은 가정이 없는 원리*arché anypothetos*이다.

나의 그렇게 존재함, 나의 존재 습성을 가정하는 것은 이런저런 속성이나 특성, 덕성이나 악덕, 부나 빈곤을 가정하는 것이 아니다. 나의 특성들과 나의 이렇게 존재함은 특성 뒤에 도사리고 있는 내가 진정으로 되어야 하는 어떤 실체(즉, 주어)의 특성조건들이 아니다. 나는 결코 **이것** 혹은 **저것**이 아니며, 항상 **그런 것**, **'이렇게'**이다. 봐라, 이렇게다*Eccum sic*: 절대적으로. 소유가 아니라 한계이며 상정이 아니라 노정이다.

노정. 달리 말해 '그러한 대로 존재함'은 실제 술어(붉다, 뜨겁다, 작다, 매끄럽다 등)이지도 않고 이런 술어들과 다르지도 않다. (다르지 않다면 사물의 개념에 무엇인가 다른 것이 덧붙

56 독일의 신비주의 신학자 야콥 뵈메Jakob Böhme가 『서광Aurora oder Morgenröte im Aufgang』(1612)에서 자주 쓰는 표현.



여져야 했고 그러면 진짜 술어가 되었을 것이다.) 당신이 노정되어 있다는 것은 당신의 특성 가운데 하나가 아니며 그렇다고 그 특성들과 다른 무언가도 아니다. (실상 그것은 그 특성들과 다르지 않다고 말할 수도 있겠다.) 실제 술어가 언어내적인 관계를 표현하는 반면 노정은 언어 자체와, 언어의 자리 잡음 그 자체와 맺는 순수한 관계이다. 그것은 언어와의 관계 속에 있다는 바로 그 사실, 즉 불린다는 사실에 의해서 어떤 것에 (아니 더 정확히 말하자면 어떤 것의 자리 잡음에) 발생한 것이다. 어떤 것이 붉다(고 불린다)면 그것은 그것이 그러한 것으로 불린다는 한에서 그러한 (단순히 붉은 것으로서가 아니라) 자기 자신과 관련되는 한에서 그것은 노정된 것이다. 노정으로서의 실존은 어떤 '~대로' 존재함이다. (이런 의미에서 그러함의 범주는 그 어떤 특성에서도 사유되지 않고 남아있는 근본적인 범주이다.)

실존한다는 것은 어떤 특성을 띤다는 것, '~대로' 존재함의 고통에 몸을 맡긴다는 (상호침투한다는*inqualieren*)[56]것이다.

따라서 특성, 개별 사물의 이렇게 존재함은 그것의 고통이자 원천이며 그것의 한계다. 당신이 어떻게 존재하는지-당신의 얼굴-는 당신의 고통이며 당신의 원천이다. 각각의 존재는 자신의 존재 양태이며 양태이어야 하고 자신의 생성 습성이고 습성이어야 한다. 그것은 자신이 존재하는 대로 **그렇게** 존재함이다.

**'그렇게'**는 **'~대로'**를 상정하지 않는다. '그렇게'는 '~대로'를 노정하며, '~대로'의 자리 잡음이다. (오직 이런 의미에서만 우리는 본질이 실존 속에 놓여 있다고 *-liegt-* 말해도 될 것이다.) 이와 마찬가지로 '~대로'도 '그렇게'를 가정하지 않는다. '~대로'는 '그렇게'의 노정이며, '그렇게'의 순수한 외부성이다. (오직 이런 의미에서만 본질이 실존을 포함한다고 *-involvit-* 말할 수 있다.)

언어는 어떤 것을 어떤 것이라 말한다. 나무를 "나무"라고, 집을 "집"이라고 말한다. 사유는 첫 번째 어떤 것(실존, 즉 존재한다는 것)에 집중해왔거나 두 번째 어떤 것(본질, 어떤 것인 것)에 집중해왔다. 즉 사유는 그것들 사이의 동일성에 집중해

57 아리스토텔레스는 현상들에 대해서 참과 거짓을 단언할 수 있는 문장을 명제(아포판시스)라 이른다. 여기서 명제론적 판단이란 그 명제 자체만을 검토함으로써 참과 거짓을 판가름할 수 있는 판단을 말한다. 하이데거는 『존재와 시간』에서 현상학의 방법론을 정립하기 위해서 '아포판시스'에 주목한다. 그에 따르면 로고스는 어떤 것을 그것 자체에서부터(아포) 보이도록 해준다(파이네스타이). 즉 이러한 아포판시스로서의 로고스의 기능 덕택에 로고스는 "어떤 것을 어떤 것**으로서** 보이도록" 해준다. 여기에서 하이데거는 현상학의 방법론을 발견한다. 현상학은 "아포파이네스타이 타 파이노메나"를 말하는 것으로, 즉 "자신을 내보이고 있는 그것을, 그것이 자신을 그것 자체에서부터 내보이고 있듯이, 그렇게 그것 자체에서부터 보이게 해줌"이다. (하이데거: 『존재와 시간』, 이기상 옮김, 까치, 1998, 53~58쪽 참조.)



왔거나 차이에 집중해왔다. 하지만 실제로 사유해야 하는 것 - '~로서'라는 단어, 즉, 노정의 관계-은 사유되지 않은 채로 남아왔다. 이러한 근원적인 '~로서'는 철학의 주제, 다시 말해 사유의 과제이다.

하이데거는 명제론적 판단[57]을 특징짓는 단어 '알스*als*', '~로서', '~인 한에서'의 구조를 밝혀낸 바 있다. 이 명제론적 판단은 이해의 순환 구조로서의 "~인 한에서"에 기반을 둔다. 이해가 무엇을 이해하거나 발견하면 그것은 언제나 이미 어떤 다른 것에서 출발한 것이고, 이미 머물렀던 곳을 향해 되돌아간다. 이러한 "그것이 어떤 것인 한에서 그것"의 구조는 판단 형식에서 우리에게 주술관계라는 잘 알려진 형태를 띤다. "분필은 흰색이다"라는 판단은 분필을 그것이 흰색인 한에서 분필이라 말하며, 이런 방식으로 '어떤 것과 관련됨'이 이해됨으로써 '그것이 어떤 것인 한에서' 안의 '어떤 것과 관련됨'을 은폐한다.

하지만 '알스*als*', 즉 '~로서'의 구조와 의미는 아직도 분명하지 않다. 어떤 것을 어떤 것이라 말함으로써 은폐되는 것은 '어떤 것과 관련됨'(즉 첫 번째 어떤 것)만이 아니라 '~로서' 그 자체다. 존재를 존재**로서** 파악할 수 있는 사유는 존재자에 그 이상의 규정성을 부여하지 않는 상태에서 개체로 되돌아가며 존재를 직시 속에서 술부의 불가언적 주어로 상정하지도 않는다. 그러한 사유는 존재를 자기 자신의 그렇게 존재함 속에서, 자신의 '~로서'의 한가운데에서 존재를 파악한다. 그리하여 그 사유는 존재의 순수한 비은폐성과 순수한 외부성을 붙잡는다. 사유는 더 이상 **어떤 것**을 **"어떤 것"**으로서 말하지 않고 **'~로서'** 자체를 말하게 한다.

언어의 기호작용에는 의미와 명시만이 중요한 것이 아니다. 세 번째 개념을 도입해야 한다. 그것은 사물 그 자체, 그러한 대로 존재함, 명시된 것도 아니고 의미된 것도 아닌 그런 것이다. (이것이 플라톤의 이데아론이 뜻하는 바이다.)

〔그것은〕 전적으로 상정되지도 않고 무관계한 존재(무정립 *athesis*)도 아니고, 상정되어 있고 관계에 들어서 있고 인위적인 존재도 아니지만 영원한 노정과 현실성이다. 즉 아이스테시스

58 '실존하는 자'로 옮길 수 있으나 하이데거적 의미를 살리기 위해서 이하부터는 현존이란 역어를 선택했다.



*aeisthesis*, 영원한 감각적 인지다.

결코 자기 자신이 아니라 오직 현존하는 자[58]일 뿐인 존재. 그것은 현존적으로 있다는 것이 아니라 완전히, 어떤 피난처도 없이 현존하는 자이다. 그것은 현존하는 자를 정초하지도 규정하지도 않고 무화시키지도 않는다. 그것은 오직 자신의 노정된 존재이며 광운[nimbo]이며 한계이다. 현존하는 자는 더 이상 존재를 역으로 가리키지 않는다. 현존재는 오히려 존재 한가운데에 있고 존재는 전적으로 현존하는 자 속에 맡겨져 있다. 그것은 피난처가 없지만 그럼에도 불구하고 안전하다 -자신의 만회불가능한 존재 속에서 안전하다.

현존하는 자는 사물로서 현존하거나 무로 존재할 위험으로부터 영구히 안전한 존재이다. 존재 한가운데 속에 맡겨져 있는 현존하는 자는 전적으로 노정되어 있다.

아티쿠스는 이데아를 "각각의 것들의 그러함의 곁원인이다 *paraitia tou einai toiauta ecasth' oiaper esti*"로 정의한다. 각각의 사물에 대해서 이데아는 원인이 아니라 곁원인*paracause*, 그것도 단순히 존재의 원인이 아니라 존재하는 대로 그렇게 존재하는 존재에 대한 곁원인이다.

각각의 사물의 그렇게 존재함은 이념이다. 그것은 흡사 형태가, 인식가능성이, 모든 개체의 특징들이 이념에서 떨어져 나온 것 같다. 다른 것으로서가 아니라 지향*intentio*으로서 천사로서 그림으로서. 이러한 지향의 존재 양태는 단순한 현존도 초월도 아니다. 그것은 사물 곁에 거하는 ('para'라는 접두어가 가진 모든 의미에서) 곁현존 또는 곁초월이고 사물과 거의 융합될 정도로 밀착해 있으며 사물에 후광을 부여한다. 그것은 사물의 정체성도 아니고 그렇다고 사물과 다른 것도 아니다. (그것은 다르지 않은 것이다.) 이념의 현존은 다른 말로 하자면 범례적[paradigmatic] 현존이다. 개별 사물의 곁에서의 현시(*paradeigma*). 하지만 자기 곁에서 이렇게 보여주는 것은 어떤 한계-아니 그것은 차라리 한계의 솔기를 푸는 것이고 한계를 불확실하게 만드는 것이다. 그것은 후광이다.

(이것은 플라톤적 이념을 영지주의적으로 독해해 본 것이

59 『도마행전』에 실린 찬가.



다. 이것은 또한 이븐 시나와 사랑의 시인들에게는 천사의 지성에 해당하며 오리게네스의 에이도스eidos와 '진주 찬가'[59]에 나오는 빛으로 지어진 옷도 이에 해당하겠다. 구제는 이러한 만회불가능한 이미지 속에서만 발생한다/자리를 잡는다.)

영원한 그러함의 성질, 이것이 바로 이념이다.

Ⅲ

구원은 세속적인 것이 신성해지고 상실한 것을 다시 찾는 사건이 아니다. 구원은 정반대로 상실한 것의 만회할 수 없는 상실이며 세속적인 것의 최종적인 세속화이다. 하지만 바로 이런 이유에서 그들은 그들의 종말에 도달한다-어떤 한계가 강림한다.

우리는 어떤 구원의 손길도 없는 곳에만 우리의 희망을 걸어볼 수 있다. 사물들이 이러이러하게 존재한다는 것-이것은 여전히 세계에서 여전히 유효하다. 하지만 이런 상태가 만회불가능하다는 것, 이러한 **이러함thus**에 어떤 구원의 손길도 없으며 우리는 그 상태를 그러한 것으로 관조할 수 있어야 한다는 것, 이것이 세계의 외부로 나아갈 수 있는 유일한 길이다. (구원의 가장 내밀한 특징은 우리가 구원받기를 더 이상 원하지 않는 순간이 되어야 우리는 구원받는다는 것이다. 바로 이 순간에 구원이 있다-하지만 우리를 위한 것은 아니다.)

이렇게 존재함, 자신의 고유한 존재양태로 존재함, 이것을 우리는 어떤 사물로 파악할 수 없다. 그것은 바로 어떤 식으로든 사물성을 비운다는 것이다. (이런 이유에서 인도의 논리학자들은 사물들의 이러함*sicceitas*이 사물들이 자신의 고유한 본성을 빼앗긴 상태, 자신의 텅 빈 상태와 다르지 않으며 열반과 세계 사이에는 티끌만큼의 차이도 없다고 말한 것이다.)

인간은 유일하게 사물들 한복판으로 뛰어들어가 오직 이런 부딪침 속에서만 비사물적인 것을 열어젖히는 존재이다. 역으로 인간은 비사물적인 것에 열린 존재라는 바로 그 이유로 인해서 사물들에 만회할 수 없이 맡겨진 존재이기도 하다.

비사물성(영성)은 사물들 안에서 자신을 상실하는 것, 사물들 외에는 다른 어떤 것을 상상할 수 없을 정도로 자신을 상실하는 것, 바로 이러한 세계의 만회불가능한 사물성을 경험함으로써 어떤 한계에 부딪히고 그 한계를 건드리는 것을 말한다. (이것이 바로 노정이 뜻하는 바이다.)

사물들의 자리 잡음은 세계 속에서 자리 잡지/발생하지 않는다.

유토피아/비-자리는 바로 사물들이 자리한 곳이다.

그렇다면 그래라. 모든 것 중에서 오직 '이렇게'*sic*만이, 선악의 저편에서 긍정한다. 하지만 '이렇게'는 단순히 '이런저런 양태'로, '저러한 특정한 속성들을 가진 채'를 의미하는 것이 아니다. "그렇다면 그래라"는 "이렇게 존재하라"를, 즉 '그렇다[yes]'를 의미한다. (이것이 니체의 '그렇다'의 의미이다. '그렇다'는 사물의 특정한 상태를 말하는 것이 아니라 사물의 **이렇게** 존재함을 말한다. '그렇다'가 영원히 회귀할 수 있는 것은 오직 이런 이유에서이다. '**이렇게**'는 영원하다.)

각각의 사물의 그렇게 존재함은 이런 의미에서 타락불가능하다. (이것이 바로 육체적 실체가 아니라 에이도스[*eidos*]가 회귀한다고 주장하는 오리기네스의 교리가 뜻하는 바이다.)

단테는 인간의 언어를 '그렇다'라고 말하는 방식에 따라 나누었다: *oc, oil, sì*. '그렇다'는 이렇게 언어의 이름이고 그 이름은 언어의 의미를 표현한다. 비언어적인 것의 언어 속 존재 말이다. 이에 반해 언어의 현존은 세계에 말하는 저 '그렇다'이다. 그리하여 세계는 언어의 무 위에서 부양한 채로 남아있다.

근거[ragione, reason]의 원리에서 ("왜 무가 아니라 어떤 것이

60 영어판 번역자 마이클 하트는 이 '차라리'(rather)를 수식하는 괄호 안에 "'재빠르고 열심히'라는 뜻의 고 영어 "rathe"와 연결되는"이란 설명을 덧붙였다. (Giorgio Agamben: *The Coming Community*, trans. by Michael Hardt, University of Minnesota Press, 1993, p. 104)



존재하는가에 대한 근거[ragione, reason]가 있다") 본질적인 것은 **어떤 것이 존재한다는 것**(존재)도 **어떤 것이 존재하지 않는다는 것**(무)도 아니라 어떤 것이 무가 되느니 **차라리** 존재한다는 점이다. 이것을 단순히 양 단어 상의 대립 (**~이 있다/ ~이 없다**)로 읽어서는 안 되는 이유는 바로 여기에 있다. 그것은 또한 제3의 용어를 포함한다. 그것은 **차라리**(능력을 나타내는 포티스*potis*에서 온 라틴어로는 포티우스*potius*라 하는)[60]로 존재하지 아니 아니할 능력이다.

(놀라운 점은 어떤 것이 존재할 수 있는 것이 아니라 어떤 것이 존재하지 아니 아니할 수 있다는 것이다.)

근거의 원리는 이런 식으로 표현될 수 있다. 언어(근거)는 어떤 것이 차라리 (포티우스*potius*, 좀 더 능력 있게) 존재하는 곳이다. 언어는 비존재의 가능성을 열어젖히며 동시에 더 강력한 가능성도 열어젖힌다. 그것은 현존으로서 어떤 것이 존재한다는 것이다. 그 원리가 고유하게 말하는 바는 현존이 불활성 사실이 아니라 포티우스*potius*, 어떤 능력이 그 안에 내재해있다는 점이다. 하지만 이것이 존재하지 않을 잠재성에 대립되는 존재할 잠재성인 것은 아니다. (양자 사이에서 누군들 결정할 수 있겠는가?) 그것은 존재하지 아니 아니할 가능성이다. 우연적인 것이란 단순히 존재하지 않을 수 있는 비-필연성이 아니라 '**이렇게**'로, 오직 자신의 존재 양태로 존재하면서 '**차라리**'를 행할 수 있고 존재하지 아니 아니할 수 있는 것이다. (그렇게 존재함은 우연적인 것이 아니다. 그것은 필연적으로 우연적인 것이다. 또 그것은 필연적인 것도 아니다. 그것은 우연적으로 필연적이다.)

"우리들이 자유롭다고 표상하는 것에 대한 정서는 필연적인 것에 대한 정서보다 더 크며 따라서 우리가 가능적 또는 우연적이라고 표상하는 것에 대한 정서보다 훨씬 더 크다. 그러나 어떤 것을 자유롭다고 표상하는 것은, 우리가 그것이 행동으로 결정된 원인을 알지 못하고 그것을 단순하게 표상하는 데에 지나지 않는다. 그러므로 우리들이 단순하게 표상하는 것에 대한 정서는 다른 사정이 같을 경우 필연적·가능적 또는 우연적인

61 B. 스피노자, 『에티카』, 강영계 옮김, 서광사, 1990, 337~8쪽을 참조하여 일부 수정.



것에 대한 정서보다 더 크며, 따라서 최대의 것이다."[61] (스피노자, 『에티카』, 제5부, 명제5, 증명.)

자신의 이렇게 존재함에서 어떤 것을 단순히 본다는 것은 -만회불가능하게, 하지만 어떤 필연적인 이유로 인해서가 아니라 또 그렇다고 우연적인 이유로 인해서도 아니게- 사랑이다.

당신이 세계의 만회불가능성을 인지하는 그 지점에서, 바로 그 지점에서 세계는 초월한다.

세계는 어떻게 있는가-이것은 세계 외부에 있다.

2001년판 후기

# 티쿤 드 라 노체*Tiqqun de la noche*〔어둠의 구원[62]〕

62 '티쿤'은 앞서 역주에서 언급한 '수선', '회복', '만회'의 뜻을 갖는다. 또한 이 단어는 유대교의 오순절에 거행되는 한밤중의 독경을 가리키기도 한다. 이뿐만 아니라 프랑스 급진좌파 작가그룹의 이름이기도 하다. 티쿤은 1999년에 창간되어 2001년까지 생산된 동명의 잡지를 기반으로 상황주의와 문자주의의 전통을 이어받아 급진적인 정치적 행동을 촉구한 집단이다. 티쿤은 아감벤의 사유에 많은 영향을 받았다고 알려져 있으며 아감벤 역시 〈티쿤〉지의 창간자 중 한 명이자 타르낙 그룹의 리더로 지목받은, 프랑스 철도청을 사보타주한 혐의를 받아 체포된 쥘리앙 쿠파Julien Coupat를 옹호하는 글 「테러리즘이냐, 희비극이냐Terrorisme ou Tragi-Comédie」를 〈리베라시옹〉에 기고하기도 했다. 티쿤은 최근 많은 주목을 받은 아나키즘 저서 『반란의 조짐L'Insurrection qui vient』(성귀수 옮김, 여름언덕, 2011. 아감벤과 연관 지어 직역하면 '도래하는 반란'이라 옮겨볼 수 있다)을 집필한 '보이지 않는 위원회'와 연계되어 있는 것으로 알려져 있으며 쿠파는 그 책의 주저자로 의심받고 있다. 그런데 아감벤은 이렇게 이 책의 저자에 관심을 갖는 태도가 전형적인 부르주아적 태도이며 이 책은 그러한 저자성으로 설명될 수 없는 책이라 말한 바 있다.



영리한 –또는 이렇게 불러도 된다면 "해방적인"– 서문이란 것이 아무것도 다루지 않아도 되며, 기껏해야 앞으로 어떤 운동이 일어날 것 정도만 보여주기만 해도 된다면, 저자가 자신의 책에 덧붙일 것은 결단코 아무것도 없음을 보여주는 후기나 첨언을 잘된 것이라 부를 수 있겠다.

이런 점에서 후기는 **종말의 시간**을 예시한다. 그것은 합리적인 인간이라면 이미 해놓은 것에 어떻게 뭔가를 더 덧붙일 수 있겠냐며 더 이상 그 일에 생각을 낭비하지 않는 시간이다. 물론 무언가를 말하지 않고서 말하는 저 기술, 무언가를 하지 않고도 행동하는 저 기술보다 – 또는 그렇게 부르길 원한다면 "총괄 요약하고", 하나하나 해체하며 전체를 구원하는 저 기술보다 더 어려운 것은 없다.

이탈리아어로 제1철학이나 정치학에 대해서 글을 쓰는 여느 사람들처럼 이 후기의 저자도 자신이 살아남은 자라는 것을 분명하게 의식하고 있다. 하지만 바로 이러한 의식이 오늘날 그러한 대상들을 다룰 수 있다고 보는 저 사람들과 그를 구분 짓는

63 여기에서 블룸은 '티쿤'의 저서 『블룸의 이론Théorie du Bloom』(불어 단행본으로는 2004년에 출간)을 암시하는 것으로 보인다. 이 책은 제임스 조이스의 『율리시즈』의 중심인물 리오폴드 블룸을 중심으로 블룸이란 주체상이 보여주는 여러 가지 테마를 자유롭게 전개하고 있다.



다. 그는 "한 민중의 역사적 현존을 뒤흔들 가능성"이 이미 오래전에 날아갔다는 사실 뿐만 아니라 소명의 이념, 민중의 이념 또는 소명*Klesis*이나 "계급"에 부과된 역사적 과업의 이념을 완전히 새롭게 사유해야 한다는 사실도 알고 있다. 저자의 생각으로는 살아남은 자-수신자 없는 작가 또는 민중 없는 시인-의 상황에 처해 있다고 하여 냉소주의나 절망에 빠지는 것을 정당화시켜주지 않는다. 오히려 저자에게는 현재가 최후의 날 이후에 오는 시간으로, 가장 새로운 것이 완숙한 것이 되기 위해 이미 오래전에 유통되어 더 이상 새로운 것이라곤 아무것도 일어날 수 없는 시간, 시간들의 유일하게 진정으로 충만한 상태*pleroma*로 나타난다. 그러한 시간-우리의 시대-의 특별한 점은 모두가 -지상의 모든 민중들, 사람들이- 어느 정도는 잔여의 위치에 있음을 스스로 깨닫게 된다는 점이다. 이는 곧 제대로 고찰해 보면 처음에는 그저 주장만 되었던 것-행위의 부재, 임의적 특이성, 블룸*bloom*[63]-이 현실이 되어버린 메시아적 상황의 이제껏 유례없는 일반화를 말한다. 하지만 이 책이 저 비-주체, 저 "형태 없는 삶", 인간의 안식일*shabbath*—즉 정의상 한 책의 수용자로 고려되지 않는 저 독자층—을 향했다는 바로 그 이유로 말미암아 이 책이 저자의 의도에 빗나간 것은 아니었으며 고로 저자의 시대에 뒤처지는 성격이 조금도 퇴색하지 않았다 할 수 있다.

잘 알려져 있다시피 안식일에는 모든 멜라카*Melakhà*, 즉 모든 생산적인 노동을 금해야 한다. 이러한 여가, 이러한 무위는 인간에게 있어서 일종의 추가적인 영혼, 혹은 이렇게 말해도 된다면 인간의 진정한 영혼이다. 하지만 순수한 파괴행위, 완전히 파괴적이거나 탈창조적인 성격의 행위는 메누하*menuchà*, 안식일의 휴식과 닮아 있다고 하며 따라서 금지 대상에 해당되지 않는다고 한다. 이런 점에서 노동이 아니라 무위와 탈창조가 도래하는 정치의 패러다임(이때 '**도래하는**'을 '**미래의**'와 혼동해서는 안 되는데)이다. 이 책이 다루는 구원(티쿤*tiqqun*)은 행위가 아니라 특수한 종류의 안식휴가이다. 그 휴식은 스스로를 구제하지 못하면서도 구제를 가능케 하고 스스로를 만회할 수 없으

64 바울의 『로마서』 3장 31절에서 "그런즉 우리가 믿음으로 말미암아 율법을 폐하느뇨. 그럴 수 없느니라. 도리어 율법을 굳게 세우느니라."에서 '폐하다'에 해당하는 표현으로 '파기', '무효화'라는 뜻으로 이해할 수 있다.



면서도 그 구원을 발생하게 한다. 따라서 이 책의 결정적인 물음은 "무엇을 하느냐?"가 아니라 "어떻게 하느냐?"이고 **존재**는 **'그렇게'**보다 덜 중요하다. 무위는 태만이 아니라 카타르게시스 *katargesis*[64]이다. 그것은 **'어떻게'**가 **'무엇'**을 완전히 대체하는 행위이며 형태 없는 삶과 삶이 없는 형태가 **삶의 형태**로 합치되는 행위이다. 이 책의 노동은 이러한 무위를 노정하는 데 있다. 여기에 이 후기는 완전히 부합한다.

G. A.

옮긴이의 말

# 아감벤 정치철학의 서문_
# 『도래하는 공동체』에 대하여

모든 책은 고유한 시간을 품고 있다. 그런 점에서 지금 여기 한국어로 선보이는 조르조 아감벤의 『도래하는 공동체』는 그 책의 고유한 시간성에 어긋나 있는 것처럼 보인다. 아감벤의 『도래하는 공동체La comunità che viene』는 1990년 이탈리아어로 처음 출판되었다. 이 책은 그의 초기 저작에 속한다고 말하기는 어렵지만 지금까지 스무 권 이상의 단행본을 내놓은 사상가가 여섯 번째로 발표한 작품으로서, 본격적인 정치철학자로서의 면모를 처음으로 드러낸 작품이라 할 수 있다.[1] 다시 말해 『도래하는 공동체』는 아감벤에게 국제적인 명성을 안겨 준 호모 사케르 연작들이 탄생하는 정치철학 시기의 출발 선상에 있는 책이라 불러도 과히 틀리지 않을 것이다. 이런 점에서, 물론 한 작가의 책들이 쓰인 순서대로 번역이 이루어지는 경우는 오히려 드문 일이라 하더라도, 『도래하는 공동체』가 이렇게 그 뒤에 발표된 책들 (『호모 사케르』를 위시한 '호모 사케르' 연작과 『세속화 예찬』, 『목적 없는 수단』 등의 저서들)보다 늦게 번역된 것은, 과장하자면 마치 『자본』이 번역되고 난 뒤 『공산당

1 물론 이러한 사상적 흐름을 두고 이 이탈리아 사상가가 미학자 혹은 언어철학자에서 정치철학자로 변신했다고 말할 수는 없다. 아감벤에게 언어의 문제는 처음부터 정치의 문제였기 때문이다.



선언』이 번역되는 상황과도 같은 어떤 뒤늦은 '도래'로 여겨진다. 하지만 이 뒤늦은 도래에 힘입어 번역 독자들은 뜻밖에도, 원문의 독자들과는 다른 시간성을 경험하는 계기를 얻을 수 있다. 아감벤의 유수의 한국어본(현재 번역된 아감벤의 저서들은 『유아기와 역사』를 제외하면 모두 『도래하는 공동체』 이후에 나온 책들이다)을 손에 쥐고 있는 우리에게는 아감벤 정치철학의 원천으로 비약해볼 수 있는 어떤 카이로스의 시간이 주어진 것이다. 그런데 이런 '뒤늦은' 독해가 바로 아감벤이 2001년 후기에서 밝힌 바대로 이 책이 의도했던, 이 책에 처음부터 들러붙어 있었던 "시대착오성", "시간의 뒤처짐"에 오히려 부응하는지도 모르겠다.

『도래하는 공동체』는 많은 것을 약속하는 책이다. 그러나 그 약속을 실현하는 책은 아니다. 데리다 식으로 보았을 때 어느 책이라고 자신의 약속을 실현할 수 있겠느냐마는 유독 이 책은 약속의 그 시간성에 더 단단히 포박되어 있는 듯하다. 즉, 『도래하는 공동체』는 제목이 암시하듯, 어떤 '도래하는 공동체'를 모색하고 선언하고 예고하지만, 그 '도래하는 공동체'의 모색과 선언과 예고는 필연적으로 아감벤의 앞으로의, 즉 도래하는 저작들에게로 계속해서 전가된다. 이런 점에서 『도래하는 공동체』는 이후 전개될 아감벤의 정치적 프로그램의 '모색'이자 '선언'이자 '예고'로 읽힐 수 있다. 이는 적어도 두 가지 의미에서 그렇다. 첫째, 이 작은 책에는 그가 그 후 집필한 큼직큼직한 저작에서 상술되고 심화될 테마들, 예컨대 잠재성, 바틀비, 사케르, 예, 삶의 형태/형식, 세속화, 자유로운 사용, 스펙터클 등이 압축적이면서도 암시적으로 제시되어 있다. 그의 다수의 저서에서 기다랗고 폭넓게 방사되는 사유의 물줄기들이 『도래하는 공동체』에는 어떤 파편적인 결정 상태로 응축되어 있는 것이다. 둘째, 『도래하는 공동체』는 이론적 비판서라기보다는 정언적 선언에 가깝다. 『호모 사케르』, 『아우슈비츠의 남은 자들』, 『예외 상태』와 같은 저작들이 문헌학적이면서도 정치철학적인 비판 정신에서 현대의 인간 삶/생명이 처한 주권의 아포리아적 상황을 논한다면, 『도래하는 공동체』는 이러한 상황을 극복하

2 이는 다분히 하이데거적인 태도라 할 수 있다. 하이데거가 『존재와 시간』에서 종래의 존재론이 '존재자'만을 묻고 논함으로써 정작 '존재'에 대한 물음은 망각되어왔다고 비판하면서 현존재의 존재적-존재론적 우위를 증명하였듯이 아감벤 역시 초범주개념들에 가려 보이지 않던 '쿼드리벳'에 주목함으로써 하이데거의 '존재물음'을 이어간다고 할 수 있다. 이러한 아감벤의 관심사는 그가 『존재와 시간』의 주해로서 구상한 단상들을 『도래하는 공동체』의 부록으로 덧붙였다는 점에서도 드러난다.

는 삶의 형태/형식을 존재론의 관점에서 정식화한다. 그렇다면 전자의 저서들에서 부정성/수동성의 형태로 암시되었던 새로운 정치의 가능성, 내지는 새로운 삶의 형태/형식은 후자의 저서에서 긍정성/적극성의 형태로 명시되고 있는 것이다. 이것이 『도래하는 공동체』가 아감벤의 정치철학적 관심이 두드러지는 저서들 가운데 독특한 위치를 차지하는 이유이다.

아감벤은 그 삶의 형태(이 책에서는 그것을 존재 양태, 또는 생성 습성이라고 부른다)를 '임의성'의 형상에서 정식화한다. 『도래하는 공동체』의 첫 단상, 첫 줄에서 우리는 어떻게 아감벤이 중세철학자들에게 유명했던 명제라는 "임의의 존재는 하나요, 참되고 선하며 또한 완벽하다(quodlibet ens est unum, verum, bonum seu perfectum)"에서 칸트가 순수오성개념으로서 주목한 '존재자ens', '하나이다unum', '참되다verum', '선하다bonum'의 범주들에 가려 그간 눈에 띄지 않았던 쿼드리벳quodlibet의 형상에 주목하는지 보게 된다.[2] '그것이 무엇이든간에 상관없는'이라는 뜻으로 보통 이해되어왔던 '임의성'이라는 개념에서 아감벤은 범주가 아니면서도 다른 범주들을 조건 짓는, 특정한 집합에 귀속되지 않으면서도 그렇다고 아무런 귀속이 없는 것도 아닌 형상, 즉 귀속성 그 자체, 공통성 그 자체만을 갖는 형상을 발견한다. 이에 대한 근거로 아감벤은 특유의 방식대로 우리에게 문헌학적 비밀을 하나 귀띔해 준다. 라틴어 쿼드리벳이 "어떤 것이든 무관한"이란 뜻이 아니라 실상은 "어떤 것이든 다 마음에 드는", "공히 마음에 드는", "공히 사랑받는"이란 뜻을 가지고 있었다는 사실을 말이다. 즉 '임의적이다'는 것은 마치 연인을 사랑할 때와 마찬가지로 어떤 존재를 그것의 속성에 근거하여 사랑하는 것도 아니며 그 존재를 그것의 속성들과 무관하게 사랑하는 것도 아니다. '임의적이다'는 것은 그 존재가 존재하는 대로 그 존재를 사랑하는 것이다. '임의성'은 이런 점에서 보편적인 것도 특수한 것도 아니며 그 존재가 존재하는 대로 자신을 노정하는 '특이적인 것'과 만난다. 다시 말해, 이러한 '임의적 특이성'은 자기 자신의 가능성과 잠재성으로서 존재하는 존재를 말한다. 아감벤은 이러한 '임의적 특이성'을 '도래하는 공동체'에 자리를 잡게 될 존재 양태로서 제시한다.

『도래하는 공동체』는 20세기 공산주의 실험의 공공연한 실패를 목도하면서 1980년대 초 프랑스 지식인들을 중심으로 새로운 공동체, 코뮌주의의 가능성을 모색하던 사유의 흐름에 합류하는 책이라 할 수 있다. 그것은 어떻게 특이성(블랑쇼와 낭시에게는 타자)들이 동일성과 전체성으로 환원되지 않으면서도 공동성을 이룰 수 있는지의 문제로 요약된다. 이러한 공동체 논의를 점화한 낭시에게 공동체가 어떤 공통된 실체를 토대로 기획될 수 있는 과제나 작품이 아니라 오히려 그런 것의 한계를 노출하는 무위의 움직임으로 열리는 것이라면, 아감벤이 이 책에서 직접 거론하기도 하는 블랑쇼의 '부정의 공동체'는 "어떤 공동체도 이루지 못한 자들의 공동체"[3]라는 어떤 비움과 부재로 특징지어진다. 낭시와 블랑쇼가 '함께 있음'의 문제를 사유하기 위해서 바타유가 제시한 타인의 죽음에 대한 경험에서 출발하고 있다면, 아감벤에게 있어 그 문제는 '임의적 특이성'의

3 모리스 블랑쇼, 『부정의 공동체』. 실린 곳: 모리스 블랑쇼/장 뤽 낭시, 『밝힐 수 없는 공동체/마주한 공동체』, 박준상 옮김, 문학과 지성사, 2005, 48면.

형상을 발굴해냄으로써 가닥이 잡힐 수 있는 것으로 보인다. 개념적으로 쉽게 잡히지 않는, 아니 개념이나 실체에 포섭되기를 거부하는 그 '임의적 특이성'의 형상들은 놀랍게도 무척이나 다양하다. 그것은 바로 열아홉 편의 단상에서 매번 새롭게 등장한다. 바틀비의 "차라리 쓰지 않겠다"는 비잠재성의 잠재성에서, 축복과 저주 너머에 있는 고성소의 주민들과 로베르트 발저의 인물들에게서, 특수도 보편도 아닌 예라는 존재에서, 외부의 내부라는 한계의 장소에서, 공통성과 고유성, 잠재성과 행위가 상호 침투하는 '필체'에서, 조건 없는 대리가능성에 의해 형성되는 바달리야 공동체와 아죠에서, 종도 개체도 아닌 얼굴에서, 어떤 속성이나 본질을 상정하지 않고 존재 자신을 산출하는 생성 습성에서, 완전성에 잠재성을 덧붙이는 후광의 형상에서, 무명의 동명이의성을 구성하는 순수한 이름, 즉 이름 붙일 수 없는 이름에서, 아무런 정체성도 내세우지 않으면서 자신들의 공통성을 시위하는 톈안먼 사건에서, 무엇보다도 자기 자신의 '그렇게'로 존재하는 존재에서 '임의적 특이성'은 노정된다.

4 조르조 아감벤, 『목적 없는 수단』, 김상운·양창렬 옮김, 난장, 2009, 125면.



이러한 '임의적 특이성'이 불러내는 '도래하는 공동체'는 어떤 실체나 본질이 상정되지 않고 존재의 가능성 그 자체가 긍정되는 인간의 삶이 처음으로 가능하게 되는 곳일 것이다. 아감벤은 이 책에서 어떤 정체성에도 귀속되지 않으면서 공동체를 이룰 수 있는 삶의 형태/형식을 발견하고자 한다. 이는 행복한 삶을 사는 것이 곧 존재의 윤리라는 그의 정치철학적인 관심에서 나온 것이다. "**저 습성이 우리를 엄습한다거나 우리를 정립하지 않고 우리를 산출할 때** 그것은 윤리적이다. 자기 자신의 습성에서 산출된다는 것은 인간에게 진정으로 가능한 유일한 행복이다."(48쪽) 그것은 자기 자신의 존재 역량을 자유롭게 사용하는 삶이다. 이러한 '행복한 삶'에 대한 아감벤의 생각은 이후에 주권 권력을 비판하는 맥락에서는 "주권도 법도 그 어떤 영향을 미칠 수 없"[4]는 삶, 동물적 삶과 사회적이고 정치적인 삶의 구분이 무효화되는 삶에 대한 비전으로 이어진다.

이러한 삶은 어떻게 실현될 수 있는 것일까? 놀랍게도 아감벤은 마르크스주의에서 혁명적 주체로서 결코 고려된 적이 없

5 발터 벤야민, 『신학적·정치적 단편』, 『역사의 개념에 대하여·폭력비판을 위하여·초현실주의 외』, 최성만 옮김, 길, 2008, 130쪽.



었던 '소시민 계급'에서 생명정치적 구분에 근거하는 정체성 정치를 종식시킬 수 있는 잠재성을 발견한다. 아감벤이 보았을 때 역사 종언의 시대에 전 세계를 지배하는 '단일한 행성적 소시민 계급'은 오히려 모든 사회적 구분을 폐기하는 파괴성을 보이고 있기 때문이다. 그는 또한 기 드보르가 디스토피아적으로 그려냈던 스펙터클의 시대를 임의적 신체가 출현할 수 있는 해방의 계기이자 새로운 언어 실험의 계기로 삼고자 한다.

아감벤의 유토피아는 무엇보다도 전적으로 세속적인 삶, 최후의 심판 이후의 삶, '만회불가능한 세계'의 이념으로 표현된다. 이것은 벤야민이 『신학적·정치적 단편』에서 제시한 행복의 이념을 계승한 것으로 보아야 한다. 벤야민은 우선 "세속적인 것의 질서는 행복의 이념에 정향해야 한다"고 하면서 "자유로운 인류의 행복 추구"는 메시아적 방향과 반대로 나아가려 하지만 "자신의 길을 가는 어떤 힘이 반대로 향한 길에 있는 다른 힘을 촉진할 수 있는 것처럼 세속적인 것의 세속적 질서 역시 메시아적 왕국의 도래를 촉진할 수 있다"[5]고 말한 바 있다. 이

6 같은 곳.



것이 바로 아감벤이 '세속화', '역사의 종말'에 오히려 구원의 기대를 거는 근거이다. 이렇게 벤야민이 "역사철학의 가장 중요한 가르침 중 하나"라고 단언했던 "세속적 질서가 메시아적인 것과 맺는 관계"[6]를 사유하는 것은 아감벤의 '행복한 삶'의 이념, 세속화와 만회불가능성을 이해하는 데 핵심적인 토대가 된다. 이것이 아감벤이 카프카나 멜빌에 비해 비교적 덜 알려진 작가 로베르트 발저에 주목하는 이유이다. 아감벤은 발저의 작품에서 돌이킬 수 없이 세속화된 세계의 범례를 발견하기 때문이다. 이러한 세계는 저주라기보다는 축복이며, 절망적인 상황이라기보다는 오히려 행복으로 가는 길이다. "만회불가능하다는 것은 사물들이 이런저런 방식으로, 존재하는 대로 그렇게 존재하며 어떤 구제의 손길을 빌리지 않고 자기의 존재 방식에 맡겨져 있다는 것이다."(124쪽) 아감벤에게 발저는 어떤 본질이 상정되지 않고, 텅 비어 있는, 제 자신의 존재방식으로만 존재하는 그런 존재를 실험하는 작가로서 중요하다.

아감벤이 그려내는 새로운 삶과 정치의 가능성이 어떻게 구체화될 수 있는지 상상하기 쉽지 않다. 그래도 가장 쉽게 접근할 수 있는 예는 아감벤이 마지막 단상에서 다룬 톈안먼 시위일 것이다. 톈안먼 시위가 1989년에 터졌고 이 책이 1990년에 출판되었으니 이 글은 당시 급박하게 돌아가는 국제 정세(소련과 동구권의 와해, 베를린 장벽의 붕괴 등)에 대한 아감벤의 생생한 응답이었다. 그는 이 톈안먼에서 도래하는 새로운 공동체의 징조를 본다. 시위에 모인 사람들은 어떤 특정한 요구가 있는 것도 아니면서 국가에 반대하기 위해 거리로 나왔고 그것은 아감벤의 말로는 그들은 어떤 정체성도 내세우지 않으면서 "자신의 공통적 존재를 평화롭게 시위"(120쪽)한 것이었으며 그렇기 때문에 국가가 용인할 수 없는 가장 위험한 시위였다. 이러한 톈안먼 시위의 급진성은 역으로 기존의 정체성 정치의 한계를 드러내는 것이다. 68 이후 정치적 운동의 흐름을 보면 소수자와 타자를 위한 정치, 즉 억압받는 정체성(여성, 성소수자, 동양, 이민자 등등)을 내세우고 그 정체성을 승인받는 정치가 운동사에 큰 획을 그어왔다. 그런데 아감벤은 기존의 정체성 정치로는 호모 사케르를 양산하는 국가·사법 체제에 어떤 균열도 가할 수 없다고 본다.

아감벤의 『도래하는 공동체』는 쉽게 접근 가능한 텍스트는 아니라고 생각된다. 이 책이 다루는 대상이 어떤 실체로서 파악되기를 거부하는 형상들이기도 하거니와 아감벤의 다른 저서에 비해 워낙 간결하고 압축적인 형식 속에서 서술되고 있기 때문이다. 저자는 불친절하다고 느껴질 정도로 독자의 이해를 구하려는 태도를 보이지 않는다. 수많은 저자들을 인용하고 있지만 참고문헌은 분명하게 밝히고 있지 않다. 저자의 주 하나 없다. 또한 아감벤의 어조는 다분히 단언적이다. 예컨대 발저의 인물들이 고성소에 머무는 이들과 마찬가지로 축복도 저주도 알지 못하는 나름의 행복한 상태에 있다는 주장은 발저 작품의 세밀한 분석이나 해석을 통해서 입증되는 것이 아니다. 아감벤이 말하고자 하는 바의 형식을 면밀하게 고안하는 스타일리스트라는 것을 떠올려 보면 (그가 『남겨진 시간』을 창세기의 시간에 따라 구성했으며, 『호모 사케르』의 경우 매 주요 장의 끝에 '경계 영역'이라는 독립적인 장을 덧붙인 것을 보면) 벤야민의 '역사철학테제'를 연상케 하는 『도래하는 공동체』의 압축적이면서도 때로는 이미지적인 글쓰기는 단절적이면서도 계시적인 섬광의 논리를 드러내기 위함이 아닌가 싶다.

또한 아감벤이 우리에게는 낯선 신학적인 개념을 사용하는 것도 이 책의 독해를 어렵게 하는 데 한몫을 하는 것 같다. 이런 점에서 그는 다시 벤야민과 유사하다. 그의 사상 전반에 깊숙이 깔려 있는 신학적 사유소들을 어떻게 이해해야 하는지는 아감벤이 독일의 문예지 「문학들Literaturen」과의 인터뷰에서 말한 것이 가르쳐준다. 그는 벤야민이 『파사젠베르크』의 인식론 관련 메모에 남긴 문장을 인용하면서 이렇게 말한다. "내 책들은 전혀 신학적인 몸짓을 하고 있지 않다. 그것은 오히려 신학과 대결하는 것이다. 발터 벤야민은 한 번은 이렇게 썼다. '내가 신학과 맺는 관계는 압지가 잉크와 맺는 관계와 같다.' 종이는 잉크를 빨아들이고 종이 입장에서 보면 더 이상 한 방울의 잉크도 남아있지 않다. 바로 이런 것이 내가 신학과 맺는 관계

7 Giorgio Agamben, “Der Papst ist ein weltlicher Priester”. In: Cicero, 28. Oktober 2009. http://www.cicero.de/der-papst-ist-ein-weltlicher-priester/45221

이다. 나는 신학을 흠뻑 빨아들였다. 그러면 더 이상 신학은 없을 것이다. 잉크가 모조리 날아가 버렸으니까.”[7] 비판의 대상을 오히려 흡수·합체함으로써 그 대상을 극복하려는 이러한 사유 태도는 아감벤의 독특한 특징이다. 이런 점이 그가 주조하는 많은 개념들, 특히 ‘스펙터클’, ‘호모 사케르’, ‘소시민’, ‘종말’ 등과 같은 형상들이 애매성을 띠는 이유이며 또, 논쟁적인 이유일 것이다. 이 책이 아감벤 사유의 이러한 애매성을 해소해주기 보다는 심화해주고 논쟁에 부쳐주기를 바란다.

2013년 12월

이경진

옮긴이 이경진李京眞

문학이라면 언어와 장르를 가리지 않고 좋아했지만 기이하게도 독일 문학은 읽은 것이 거의 없었다. 그러나 대학에서 독문학을 접하고 공부 방향이 완전히 바뀌어 독일로 유학까지 가게 되었고 현재는 대학에서 독문학과 문예이론을 가르친다. W. G. 제발트의 문학을 발터 벤야민의 멜랑콜리 역사철학의 시각에서 살펴보는 논문으로 석사학위를 받았다. 이 인연으로 제발트의 『공중전과 문학』을 번역했다. 타자와 윤리, 애도의 문제에 관심을 가지고 있던 중 문학 번역에서 이러한 윤리적인 것의 이념이 실천될 수 있다는 점에 착안하여 독일 낭만주의 문인들과 벤야민의 번역담론을 데리다와 레비나스, 스피박이 말하는 윤리성을 기준으로 재조명하는 박사논문을 썼다. 벤야민의 사상과 글쓰기에 꾸준한 관심을 가지고 있으며 그의 가장 생산적인 후계자라 할 수 있는 아감벤의 사상에 주목하고 있다. 문학보다 감히(?) 더 아름다운 문학평론, 읽다 보면 그 아름다움에 현기증이 일다 못해 정신이 깨어나는 평론들을 잊지 못해 평론가로서의 꿈도 꾼다. 그러다 보니 정이현론으로 제15회 창비신인상도 수상하는 일도 있었으나 현재는 여전히 갈피를 잡지 못하고 꿈을 꾸는 중이다.